国家社科基金重大项目"面向新疆义务教育的语言资源数据库建设及应用研究"
"天山英才"培养计划哲学社会科学人才和新疆文化名家项目（2023WHMJ023）

总 主 编　刘正江
执行总主编　邢 欣

国家通用语言文字
口语学习教程

农牧民版

本 册 主 编　高立明
本册副主编　刘正江　邢 欣
本 册 编 者　王紫悦　陈寅东　王玉茗　赵思远　蒋济元

第3册
看图听音
跟读

北京语言大学出版社
BEIJING LANGUAGE AND CULTURE
UNIVERSITY PRESS

©2025 北京语言大学出版社，社图号25079

图书在版编目（CIP）数据

国家通用语言文字口语学习教程：农牧民版. 3，看图听音跟读 / 刘正江总主编；高立明主编；刘正江，邢欣副主编；王紫悦等编. -- 北京：北京语言大学出版社，2025. 6. -- ISBN 978-7-5619-6795-9

Ⅰ．H193.2

中国国家版本馆CIP数据核字第2025VK2077号

国家通用语言文字口语学习教程（农牧民版）第3册　看图听音跟读
GUOJIA TONGYONG YUYAN WENZI KOUYU XUEXI JIAOCHENG
（NONG-MUMIN BAN）DI 3 CE　KAN TU TING YIN GEN DU

排版制作：北京创艺涵文化发展有限公司
责任印制：周　燚

出版发行：北京语言大学出版社
社　　　址：北京市海淀区学院路15号，100083
网　　　址：www.blcup.com
电子信箱：service@blcup.com
电　　　话：编 辑 部　8610-82303390
　　　　　　国内发行　8610-82303650/3591/3648
　　　　　　海外发行　8610-82303365/3080/3668
　　　　　　北语书店　8610-82303653
　　　　　　网购咨询　8610-82303908
印　　　刷：河北赛文印刷有限公司

版　　次：2025 年 6 月第 1 版　　印　　次：2025 年 6 月第 1 次印刷
开　　本：787 毫米 × 1092 毫米　1/16　　印　　张：11.75
字　　数：145 千字
定　　价：56.00 元

PRINTED IN CHINA

编者的话

学习国家通用语言文字，提升民族地区农牧民国家通用语言文字应用能力和科学文化素质，是实现边疆地区经济繁荣、社会稳定、长治久安的重要支撑，是铸牢中华民族共同体意识的重要路径。

学好国家通用语言文字，需要多学多练、多听多说，在生活中学习、在劳动中学习，持之以恒、坚持不懈；同时，还需要通过自我检测来了解学习进度，实现精准化学习和高效学习，进一步提升国家通用语言文字水平，达到全面掌握的目标。要做到这一切，口语学习是第一步。为此，我们编写了这套口语学习教程，通过听、读、说相结合的方式，帮助农牧民学好口语，达到"听得懂，说得出，能流利对话"的效果。在此基础上，进一步提升农牧民的国家通用语言文字应用能力，助力他们掌握中华优秀传统文化知识和现代化科学技术，为乡村振兴贡献力量，为民族团结添砖加瓦，为边疆繁荣昌盛做出积极贡献。

本套教程包括看图听音、互动会话和看图听音跟读三个分册。其中，看图听音分册另附一本"听力录音材料及答案"。本套教程以练习为主，通过图片和音频结合的形式帮助农牧民掌握日常词语和句子，通过听音跟读和互动问答的形式帮助农牧民提升会话能力。此外，教程通过简单易懂、重复滚动的方式，确保农牧民的学习效果。

本套教程具有如下特点：

1. 内容生活化：教程选取农牧民日常生产、生活中常用的词语和句子，确保他们能够学以致用，快速融入语言环境。

2. 形式多样化：教程采用丰富多样的学习形式，包括看图听音选择、听后跟读、互动问答、看图听音跟读等，既有趣又实用，能够激发学习兴趣，增强学习效果。

3. 表达口语化：教程注重口语表达的训练，采用通俗易懂、自然流畅的语言风格，帮助农牧民掌握地道的口语表达。

4. 场景实用化：教程的内容设计以实用为导向，针对不同场合提供相应的语言素材，切实提高农牧民的交际能力。

5. 手段科技化：教程借助现代科技手段，不仅有扫码听录音的功能，还配备手机端互动学习系统，支持在线学习、互动问答、实时测评等功能，可为农牧民带来便捷的学习体验。

农牧民使用本套教材时，既可以通过听音选择、跟读、回答问题等练习，循序渐进地提升国家通用语言文字应用能力；也可以根据自己的实际需求，灵活选择学习内容，进行个性化学习，从而更好地满足实际应用场景的交际需要。

学完本套教程后，农牧民可以基本掌握国家通用语言文字中常用的口语词语、句式和问答，具备日常交流能力，并能够运用简单的职业技能用语，为实际生活和工作打下坚实的语言基础。

本套教程的编写团队主要由新疆大学中国语言文学学院、国家语言文字推广基地（新疆大学）、国家社科基金重大项目"面向新疆义务教育的语言资源数据库建设及应用研究"（20&ZD293）课题组的老师和研究生组成。在此，我们对团队所有成员的辛勤付出表示衷心的感谢！新疆大学中国语言文学学院中语系教师刘林，中语系语言学专业的硕士研究生余祖鑫、赵佳煜、雒彤彤、别姣仪、陈先年、范雅妮、李志刚、马欢欣、马雪霞、马言超、任怡凡、唐伟、王昭旭、闫兴月、张妍、金永恒、刘水莲、马妤冰等同学参加了本套教程初稿的编纂工作，特此感谢！最后，要感谢北京语言大学出版社的鼎力相助，特别是出版社领导和各位编辑为本套教程的出版倾注了大量心血，在此表示诚挚的谢意！

国家通用语言文字的学习和推广任重道远。编写团队始终以服务乡村振兴、促进民族团结为己任，致力于国家通用语言文字教学与推广工作。诚挚欢迎广大读者对本套教程提出宝贵意见和建议，帮助我们不断改进和完善。

目　录

看图听音跟读单音节词

àn
1 岸

bǎn
4 板

báo
7 雹

bà
2 坝

bàng
5 棒

bào
8 豹

bái
3 白

bāo
6 包

bēi
9 杯

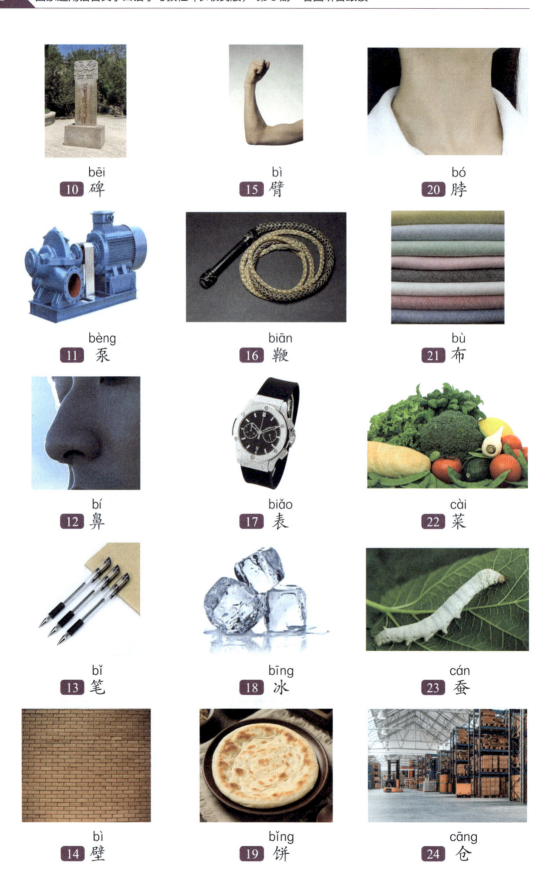

bēi
10 碑

bì
15 臂

bó
20 脖

bèng
11 泵

biān
16 鞭

bù
21 布

bí
12 鼻

biǎo
17 表

cài
22 菜

bǐ
13 笔

bīng
18 冰

cán
23 蚕

bì
14 壁

bǐng
19 饼

cāng
24 仓

cǎo
25 草

chén
30 尘

chuáng
35 床

chá
26 茶

chèng
31 秤

chūn
36 春

chái
27 柴

chǐ
32 尺

cì
37 刺

cháng
28 肠

chóng
33 虫

cōng
38 葱

chē
29 车

chuán
34 船

cù
39 醋

dài
40 袋

dí
45 笛

dōng
50 冬

dàn
41 蛋

dì
46 地

dòng
51 洞

dǎo
42 岛

diàn
47 电

dōu
52 兜

dào
43 稻

dié
48 碟

dòu
53 豆

dēng
44 灯

dié
49 蝶

é
54 鹅

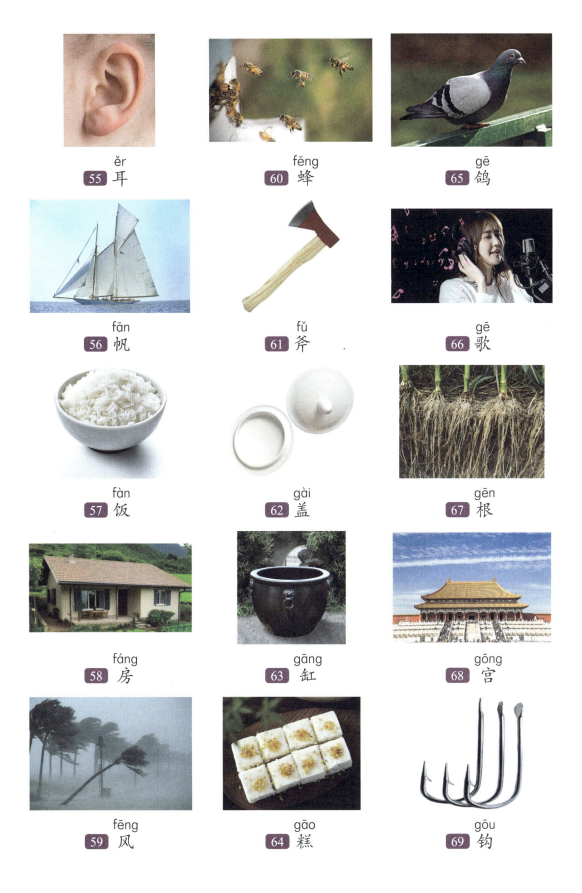

ěr
55 耳

fēng
60 蜂

gē
65 鸽

fān
56 帆

fǔ
61 斧

gē
66 歌

fàn
57 饭

gài
62 盖

gēn
67 根

fáng
58 房

gāng
63 缸

gōng
68 宫

fēng
59 风

gāo
64 糕

gōu
69 钩

gǒu
70 狗

guàn
75 罐

gùn
80 棍

gǔ
71 谷

guāng
76 光

guō
81 锅

gǔ
72 鼓

guī
77 龟

guǒ
82 果

guā
73 瓜

guì
78 柜

hǎi
83 海

guǎn
74 管

guì
79 桂

hàn
84 汗

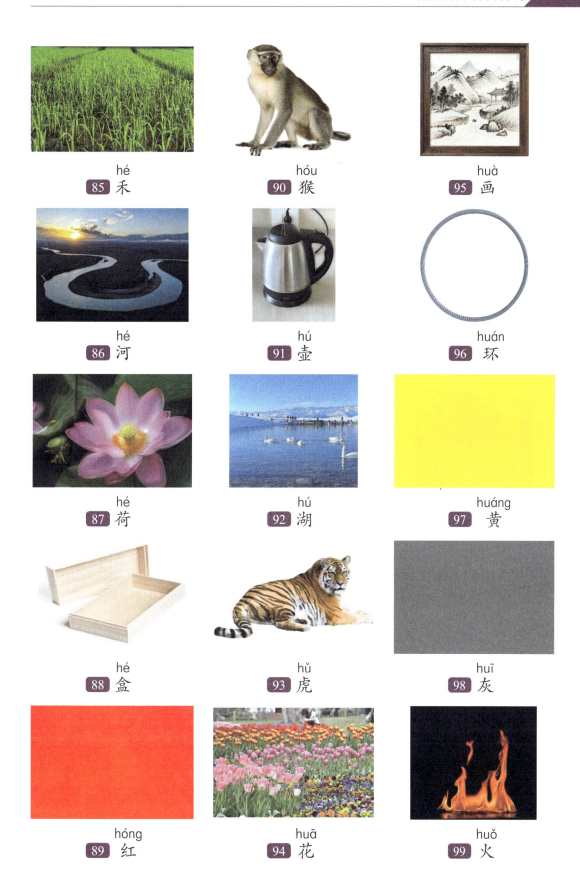

hé 85 禾	hóu 90 猴	huà 95 画
hé 86 河	hú 91 壶	huán 96 环
hé 87 荷	hú 92 湖	huáng 97 黄
hé 88 盒	hǔ 93 虎	huī 98 灰
hóng 89 红	huā 94 花	huǒ 99 火

huò
100 货

jiǎo
105 脚

jiǔ
110 酒

jī
101 鸡

jīn
106 金

jú
111 菊

jiāng
102 江

jīng
107 茎

kǎ
112 卡

jiāng
103 姜

jīng
108 鲸

kàng
113 炕

jiàng
104 酱

jǐng
109 井

ké
114 壳

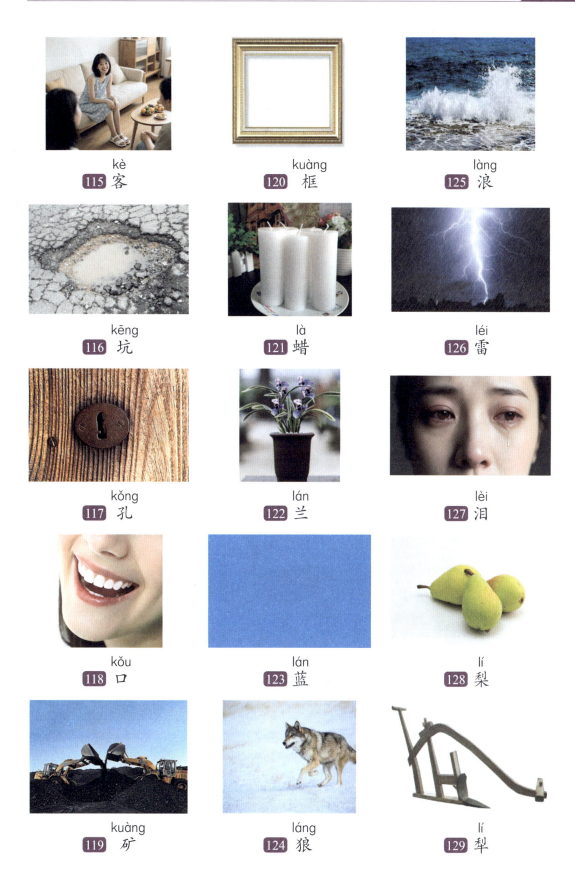

kè
115 客

kuàng
120 框

làng
125 浪

kēng
116 坑

là
121 蜡

léi
126 雷

kǒng
117 孔

lán
122 兰

lèi
127 泪

kǒu
118 口

lán
123 蓝

lí
128 梨

kuàng
119 矿

láng
124 狼

lí
129 犁

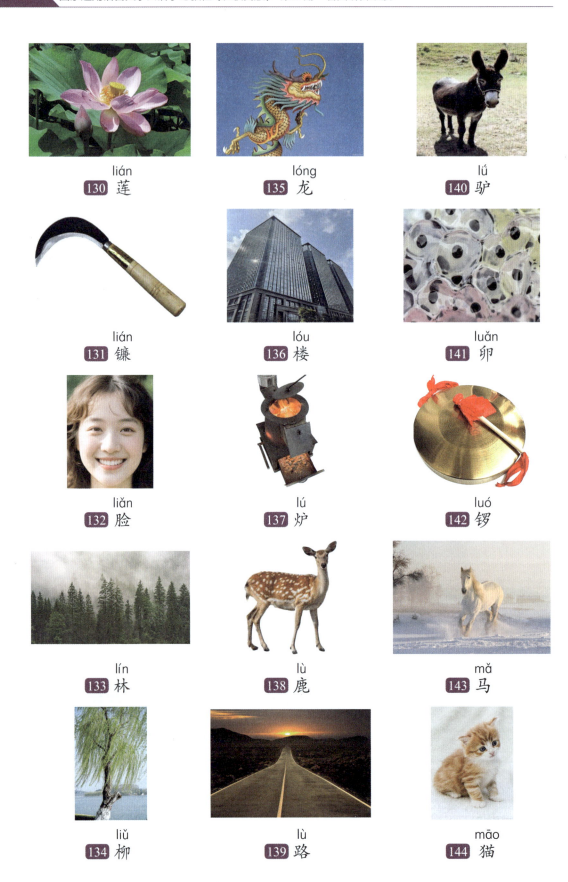

lián
130 莲

lóng
135 龙

lú
140 驴

lián
131 镰

lóu
136 楼

luǎn
141 卵

liǎn
132 脸

lú
137 炉

luó
142 锣

lín
133 林

lù
138 鹿

mǎ
143 马

liǔ
134 柳

lù
139 路

māo
144 猫

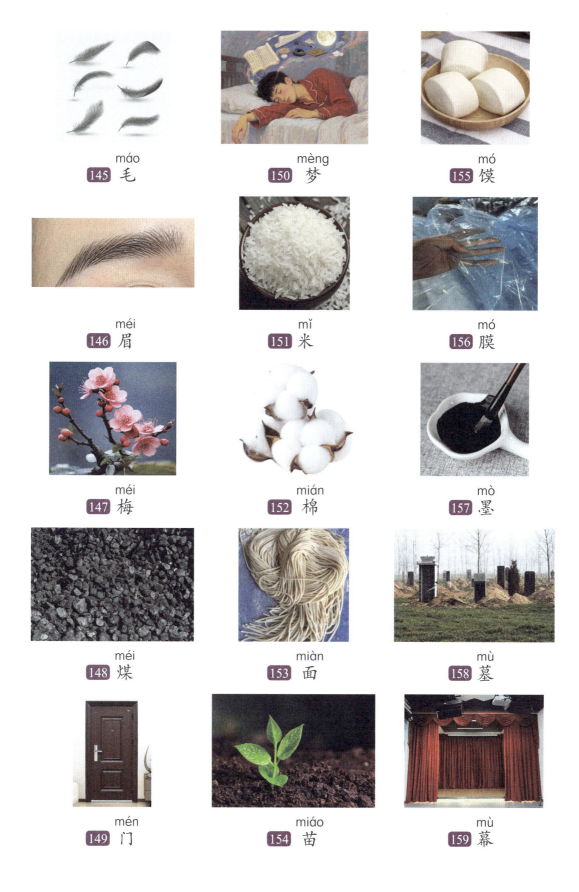

máo
145 毛

mèng
150 梦

mó
155 馍

méi
146 眉

mǐ
151 米

mó
156 膜

méi
147 梅

mián
152 棉

mò
157 墨

méi
148 煤

miàn
153 面

mù
158 墓

mén
149 门

miáo
154 苗

mù
159 幕

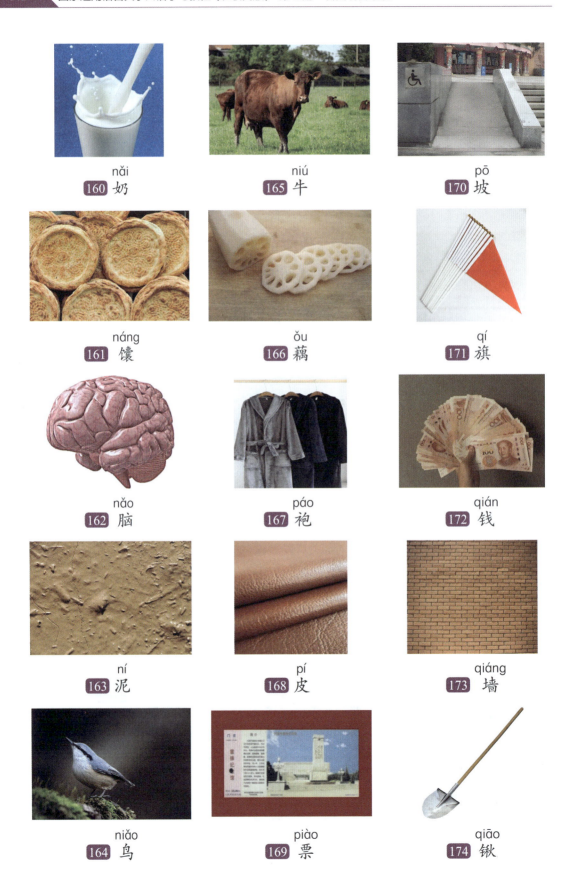

nǎi
160 奶

niú
165 牛

pō
170 坡

náng
161 馕

ǒu
166 藕

qí
171 旗

nǎo
162 脑

páo
167 袍

qián
172 钱

ní
163 泥

pí
168 皮

qiáng
173 墙

niǎo
164 鸟

piào
169 票

qiāo
174 锹

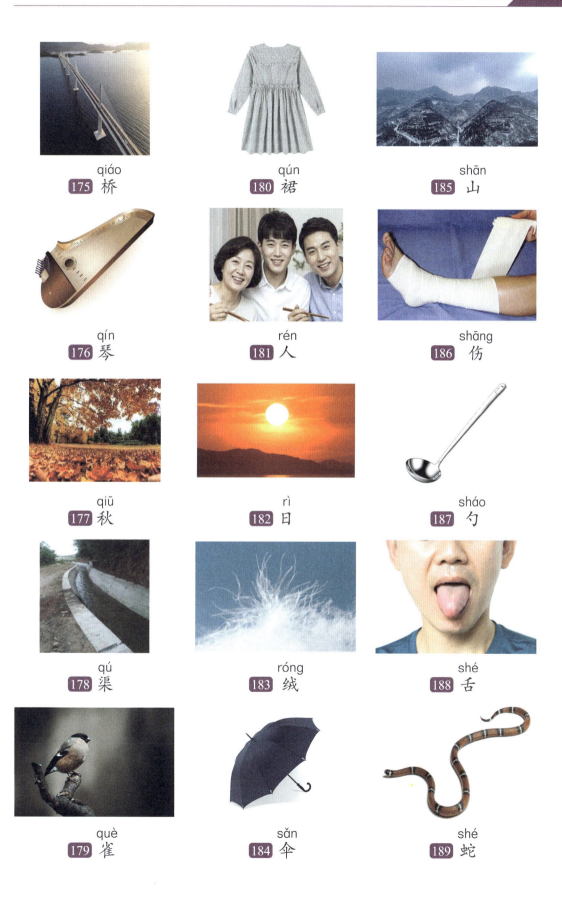

qiáo
175 桥

qún
180 裙

shān
185 山

qín
176 琴

rén
181 人

shāng
186 伤

qiū
177 秋

rì
182 日

sháo
187 勺

qú
178 渠

róng
183 绒

shé
188 舌

què
179 雀

sǎn
184 伞

shé
189 蛇

shéng
190　绳

shǔ
195　鼠

suàn
200　蒜

shī
191　诗

shù
196　树

sǔn
201　笋

shí
192　石

shuāng
197　霜

tǎ
202　塔

shǒu
193　手

shuǐ
198　水

tǎn
203　毯

shū
194　书

sōng
199　松

tàn
204　炭

tāng
205 汤

tí
210 蹄

tóu
215 头

táng
206 糖

tián
211 田

tú
216 图

táo
207 桃

tíng
212 亭

tǔ
217 土

téng
208 藤

tóng
213 铜

tù
218 兔

tī
209 梯

tǒng
214 桶

tuǐ
219 腿

wā
220 蛙

wū
225 屋

xiàn
230 线

wǎ
221 瓦

wù
226 雾

xiāng
231 箱

wǎn
222 碗

xiā
227 虾

xié
232 鞋

wǎng
223 网

xiá
228 霞

xiè
233 蟹

wō
224 窝

xià
229 夏

xīn
234 心

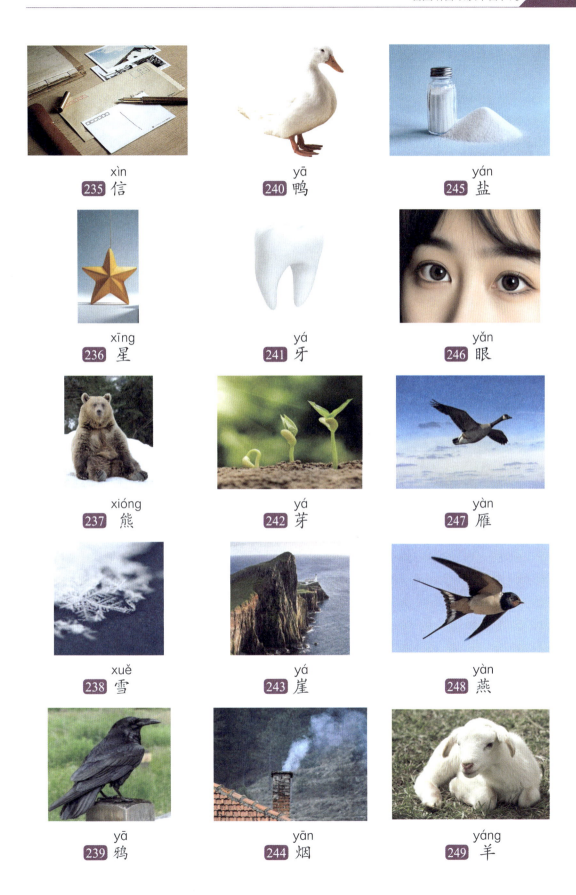

xìn
235 信

yā
240 鸭

yán
245 盐

xīng
236 星

yá
241 牙

yǎn
246 眼

xióng
237 熊

yá
242 芽

yàn
247 雁

xuě
238 雪

yá
243 崖

yàn
248 燕

yā
239 鸦

yān
244 烟

yáng
249 羊

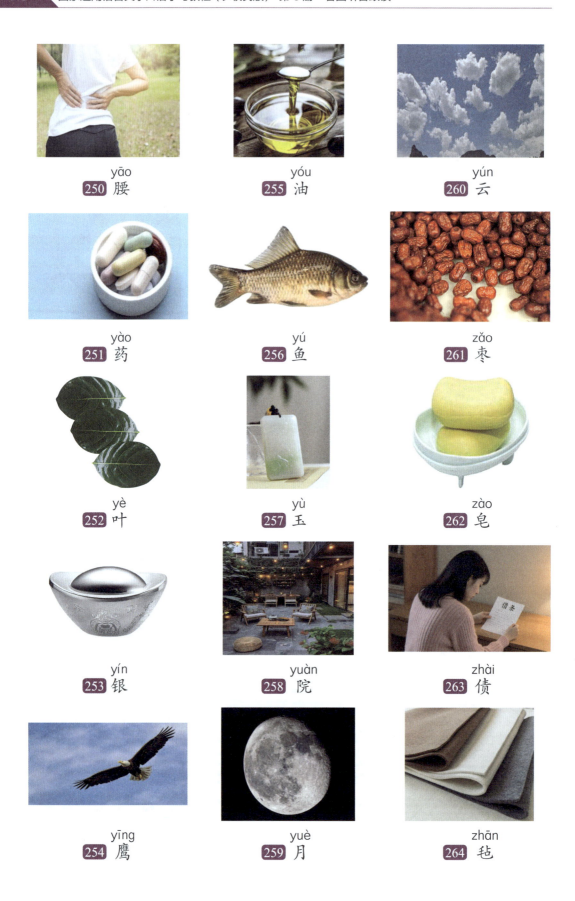

yāo
250 腰

yóu
255 油

yún
260 云

yào
251 药

yú
256 鱼

zǎo
261 枣

yè
252 叶

yù
257 玉

zào
262 皂

yín
253 银

yuàn
258 院

zhài
263 债

yīng
254 鹰

yuè
259 月

zhān
264 毡

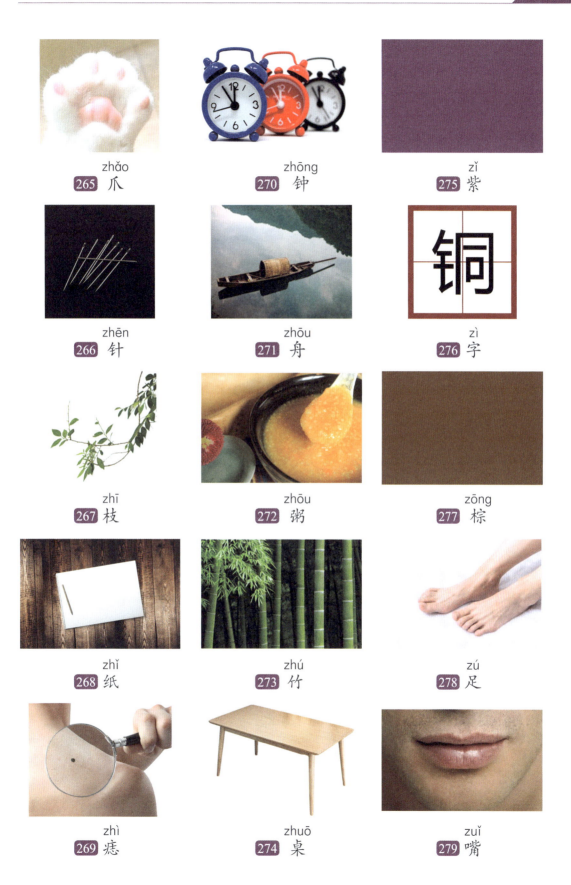

zhǎo
265 爪

zhōng
270 钟

zǐ
275 紫

zhēn
266 针

zhōu
271 舟

zì
276 字

zhī
267 枝

zhōu
272 粥

zōng
277 棕

zhǐ
268 纸

zhú
273 竹

zú
278 足

zhì
269 痣

zhuō
274 桌

zuǐ
279 嘴

看图听音跟读双音节词语

扫一扫，听一听，跟读图片所对应的双音节词语。

第一部分

àn niǔ
1 按钮

bái cài
4 白菜

bái yún
7 白云

àn bǎn
2 案板

bái jiǔ
5 白酒

bǎi dù
8 百度

bǎ shou
3 把手

bái miàn
6 白面

bǎi hé
9 百合

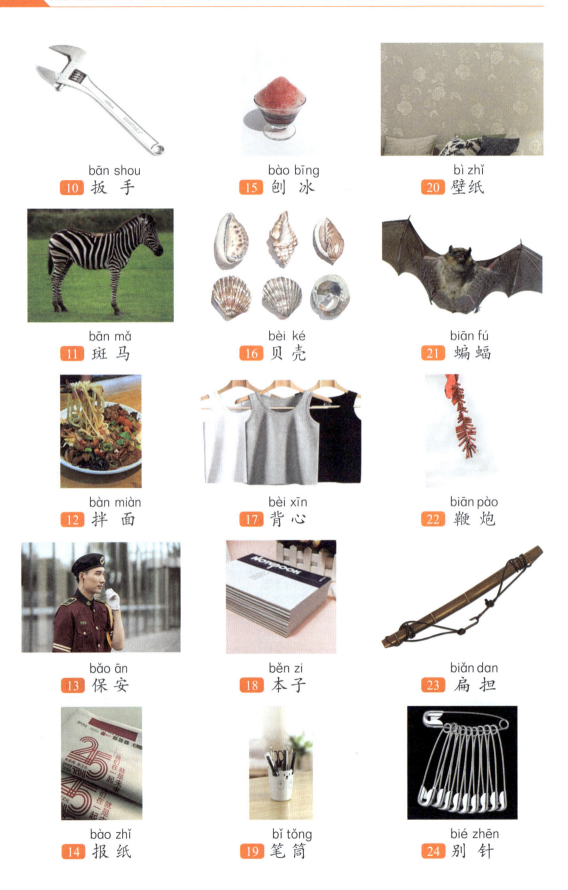

bān shou
10 扳 手

bào bīng
15 刨 冰

bì zhǐ
20 壁纸

bān mǎ
11 斑马

bèi ké
16 贝壳

biān fú
21 蝙蝠

bàn miàn
12 拌 面

bèi xīn
17 背心

biān pào
22 鞭 炮

bǎo ān
13 保安

běn zi
18 本子

biǎn dan
23 扁担

bào zhǐ
14 报纸

bǐ tǒng
19 笔筒

bié zhēn
24 别 针

bīng guì
25 冰 柜

bō cài
30 菠 菜

bò ji
35 簸 箕

bīng kuài
26 冰 块

bō luó
31 菠 萝

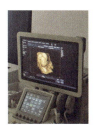

cǎi chāo
36 彩 超

bǐng gān
27 饼 干

bó kè
32 博 客

cāng kù
37 仓 库

bìng dú
28 病 毒

bó mó
33 薄 膜

cāng ying
38 苍 蝇

bō li
29 玻 璃

bò he
34 薄 荷

cǎo méi
39 草 莓

cǎo píng
40 草坪

cháng chéng
45 长城

chéng zhī
50 橙汁

cǎo yuán
41 草原

chāo shì
46 超市

chéng zi
51 橙子

chā tóu
42 插头

chē pái
47 车牌

chǐ lún
52 齿轮

chā zuò
43 插座

chē wèi
48 车位

chōu ti
53 抽屉

chá jī
44 茶几

chē zhàn
49 车站

chú shī
54 厨师

chú tou
55 锄 头

cí zhuān
60 瓷 砖

dà mǐ
65 大 米

chuāng hu
56 窗 户

cì xiù
61 刺 绣

dà péng
66 大 棚

chuāng lián
57 窗 帘

cuò dāo
62 锉 刀

dà xiàng
67 大 象

chuáng dān
58 床 单

dà dòu
63 大 豆

dà yàn
68 大 雁

chūn wǎn
59 春 晚

dà mén
64 大 门

dàn gāo
69 蛋 糕

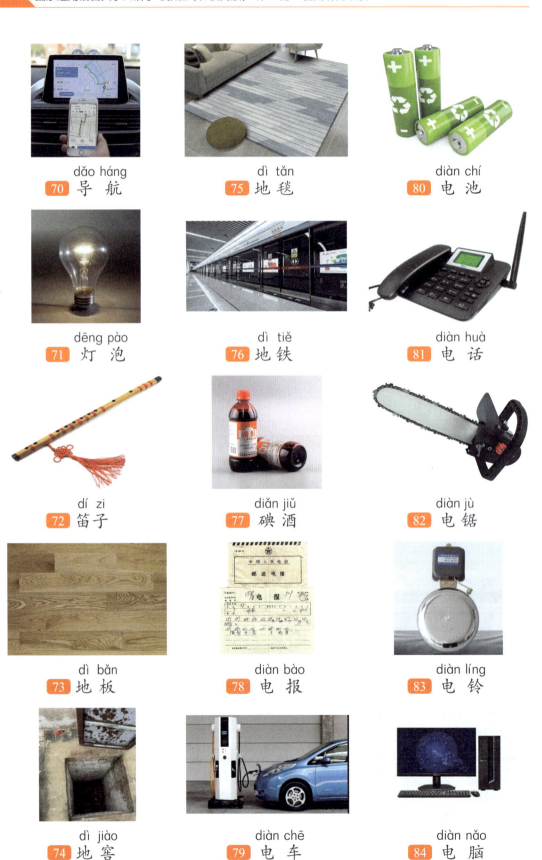

dǎo háng
70 导 航

dì tǎn
75 地 毯

diàn chí
80 电 池

dēng pào
71 灯 泡

dì tiě
76 地 铁

diàn huà
81 电 话

dí zi
72 笛子

diǎn jiǔ
77 碘 酒

diàn jù
82 电 锯

dì bǎn
73 地 板

diàn bào
78 电 报

diàn líng
83 电 铃

dì jiào
74 地 窖

diàn chē
79 电 车

diàn nǎo
84 电 脑

diàn niǔ
85 电 钮

diàn wǎng
90 电 网

diàn zuàn
95 电 钻

diàn shāng
86 电 商

diàn xiàn
91 电 线

diāo sù
96 雕 塑

diàn shì
87 电 视

diàn yǐng
92 电 影

diāo xiàng
97 雕 像

diàn tái
88 电 台

diàn yuán
93 电 源

diào chē
98 吊 车

diàn tī
89 电 梯

diàn zhá
94 电 闸

dié zi
99 碟 子

dīng xiāng
100 丁 香

dòu fu
105 豆腐

è yú
110 鳄鱼

dōng guā
101 冬 瓜

dòu jiǎo
106 豆角

ěr huán
111 耳环

dòng chē
102 动 车

dòu yár
107 豆芽儿

ěr jī
112 耳机

dòng màn
103 动 漫

duǎn xiù
108 短 袖

èr hú
113 二 胡

dǒu yīn
104 抖 音

duì lián
109 对联

fā piào
114 发票

fǎ yuàn
115 法 院

fēng shàn
120 风 扇

gāng bǐ
125 钢 笔

fēi jī
116 飞 机

fēng yī
121 风 衣

gāng jīn
126 钢 筋

féi zào
117 肥 皂

fēng mì
122 蜂 蜜

gāo liang
127 高 粱

fěn bǐ
118 粉 笔

fǔ tóu
123 斧 头

gāo tiě
128 高 铁

fēng chē
119 风 车

gǎn lǎn
124 橄 榄

gōng chǎng
129 工 厂

gōng rén
130 工 人

gǔ zhēng
135 古 筝

guǎn dào
140 管 道

gōng gào
131 公 告

gǔ piào
136 股 票

guǎng chǎng
141 广 场

gōng jiāo
132 公 交

gù gōng
137 故 宫

guǐ dào
142 轨 道

gōng niú
133 公 牛

guà gōu
138 挂 钩

guì yuán
143 桂 圆

gōng yuán
134 公 园

guǎi zhàng
139 拐 杖

guō chǎn
144 锅 铲

guǒ lán
145 果 篮

hǎi yáng
150 海 洋

hóng bāo
155 红 包

guǒ yuán
146 果 园

hé tóng
151 合 同

hóng dòu
156 红 豆

hǎi dài
147 海 带

hé mǎ
152 河 马

hóng liǔ
157 红 柳

hǎi guī
148 海 龟

hé tao
153 核 桃

hóng qí
158 红 旗

hǎi táng
149 海 棠

hēi bǎn
154 黑 板

hóng shǔ
159 红 薯

hóng zǎo
160 红 枣

hú dié
165 蝴蝶

huā shēng
170 花 生

hóu zi
161 猴子

hù zhào
166 护 照

huá bǎn
171 滑 板

hú jiāo
162 胡 椒

huā jiāo
167 花 椒

huà féi
172 化 肥

hú xū
163 胡须

huā mào
168 花 帽

huà tǒng
173 话 筒

hú lu
164 葫芦

huā píng
169 花 瓶

huáng guā
174 黄 瓜

hūn lǐ
175 婚礼

huǒ lú
180 火炉

jī guāng
185 激 光

hún tun
176 馄 饨

huò chē
181 货 车

jiā kè
186 夹克

huǒ chē
177 火 车

jī chuáng
182 机 床

jiā zi
187 夹子

huǒ guō
178 火 锅

jī yóu
183 机 油

jiǎn dāo
188 剪 刀

huǒ jiàn
179 火 箭

jī dàn
184 鸡蛋

jiàn pán
189 键 盘

jiāng dòu
190 豇豆

jiāo dài
195 胶带

jiè zhi
200 戒指

jiǎng bēi
191 奖杯

jiāo guǎn
196 胶管

jīn yú
201 金鱼

jiǎng pái
192 奖牌

jiāo náng
197 胶囊

jīng yú
202 鲸鱼

jiǎng zhuàng
193 奖状

jiāo shuǐ
198 胶水

jìng zi
203 镜子

jiàng yóu
194 酱油

jiào chē
199 轿车

jiǔ cài
204 韭菜

jiǔ bā
205 酒吧

kāi guān
210 开关

kè chē
215 客车

jiǔ jīng
206 酒精

kǎo jià
211 烤架

kōng tiáo
216 空调

jù zi
207 锯子

kǎo ròu
212 烤肉

kǒng què
217 孔雀

juǎn chǐ
208 卷尺

kǎo xiāng
213 烤箱

kǒng lóng
218 恐龙

kā fēi
209 咖啡

kē dǒu
214 蝌蚪

kǒu zhào
219 口罩

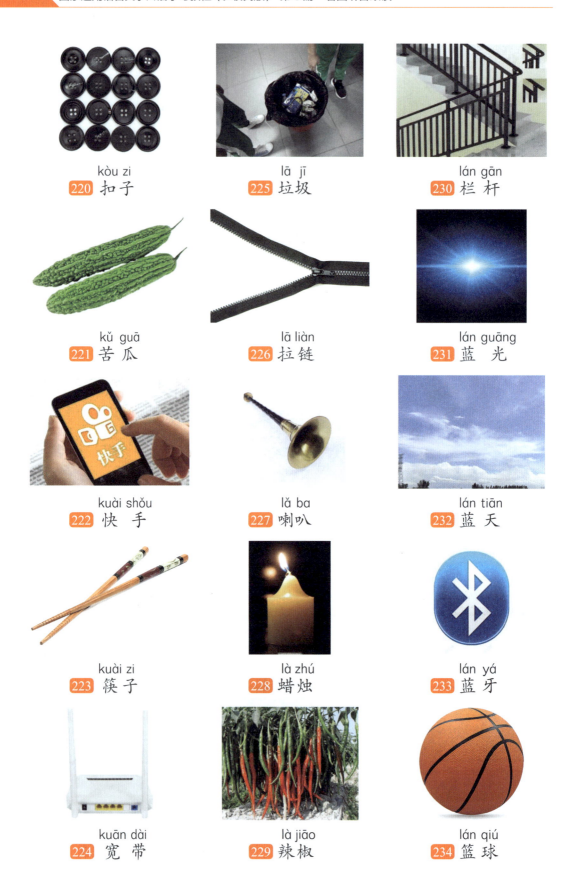

kòu zi
220 扣子

lā jī
225 垃圾

lán gān
230 栏 杆

kǔ guā
221 苦 瓜

lā liàn
226 拉链

lán guāng
231 蓝 光

kuài shǒu
222 快 手

lǎ ba
227 喇叭

lán tiān
232 蓝 天

kuài zi
223 筷子

là zhú
228 蜡烛

lán yá
233 蓝 牙

kuān dài
224 宽 带

là jiāo
229 辣椒

lán qiú
234 篮球

lǎn chē
235 缆 车

lí shù
240 梨树

liáng miàn
245 凉 面

láng gǒu
236 狼 狗

lì zhī
241 荔枝

liáng pí
246 凉 皮

lǎo hǔ
237 老虎

lián ǒu
242 莲藕

liáng xí
247 凉 席

lǎo yīng
238 老 鹰

liáng cài
243 凉 菜

lín yù
248 淋浴

léi dá
239 雷达

liáng fěn
244 凉 粉

lóng zi
249 笼子

lóu tī
250 楼 梯

lún tāi
255 轮 胎

luó sī
260 螺 丝

lòu dǒu
251 漏 斗

lún yǐ
256 轮 椅

luò tuo
261 骆 驼

lú zi
252 炉 子

luó bo
257 萝 卜

lǜ dòu
262 绿 豆

lù dēng
253 路 灯

luó zi
258 骡 子

mā bù
263 抹 布

lún chuán
254 轮 船

luó mǔ
259 螺 母

má huā
264 麻 花

má què
265 麻雀

máo jīn
270 毛巾

měi tuán
275 美团

mǎ yǐ
266 蚂蚁

máo cǎo
271 茅草

mén lián
276 门帘

mà zha
267 蚂蚱

máo niú
272 牦牛

mén líng
277 门铃

mán tou
268 馒头

mào zi
273 帽子

mén piào
278 门票

máng guǒ
269 芒果

méi gui
274 玫瑰

mén zhěn
279 门诊

mǐ fàn
280 米饭

mián qiān
285 棉签

miàn tiáor
290 面条儿

mì mǎ
281 密码

mián xié
286 棉鞋

miàn zhào
291 面罩

mián bèi
282 棉被

mián yī
287 棉衣

mín sù
292 民宿

mián huā
283 棉花

miàn bāo
288 面包

mó tuō
293 摩托

mián kù
284 棉裤

miàn fěn
289 面粉

mó gu
294 蘑菇

mò lì
295 茉莉

mù ěr
300 木耳

nǎi lào
305 奶酪

mò jìng
296 墨镜

mù guā
301 木瓜

niǎo cháo
306 鸟巢

mò shuǐ
297 墨水

mù xu
302 苜蓿

niào sù
307 尿素

mǔ dan
298 牡丹

mù mín
303 牧民

níng méng
308 柠檬

mù cái
299 木材

nǎi chá
304 奶茶

niú juàn
309 牛圈

niǔ kòu
310 纽扣

pēn hú
315 喷壶

pū kè
320 扑克

nóng mín
311 农民

pí jīnr
316 皮筋儿

pú tao
321 葡萄

nóng yào
312 农药

pí xié
317 皮鞋

pù bù
322 瀑布

pán zi
313 盘子

píng guǒ
318 苹果

qí páo
323 旗袍

pēn guàn
314 喷灌

píng mù
319 屏幕

qì náng
324 气囊

qì chē
325 汽车

qiáng wēi
330 蔷薇

qīng guǐ
335 轻轨

qì yóu
326 汽油

qié zi
331 茄子

qīng yóu
336 清油

qiān bǐ
327 铅笔

qín cài
332 芹菜

qīng tíng
337 蜻蜓

qián bāo
328 钱包

qīng kē
333 青稞

qiū kù
338 秋裤

qián zi
329 钳子

qīng wā
334 青蛙

qiū kuí
339 秋葵

qiū yǐn
340 蚯蚓

rì lì
345 日历

shā zǎo
350 沙枣

quán shuǐ
341 泉 水

ròu náng
346 肉 馕

shā bù
351 纱布

quán jī
342 拳击

ròu niú
347 肉 牛

shā yú
352 鲨鱼

qún zi
343 裙子

rù zi
348 褥子

shān yáng
353 山 羊

rén shēn
344 人 参

shā mò
349 沙漠

shān zhú
354 山 竹

shǎn diàn
355 闪电

shí gāo
360 石膏

shǒu biǎo
365 手表

shāng chǎng
356 商场

shí huī
361 石灰

shǒu diàn
366 手电

shāng diàn
357 商店

shí liu
362 石榴

shǒu gǔ
367 手鼓

shēng cài
358 生菜

shí tou
363 石头

shǒu jī
368 手机

shī jīn
359 湿巾

shì zi
364 柿子

shǒu tào
369 手套

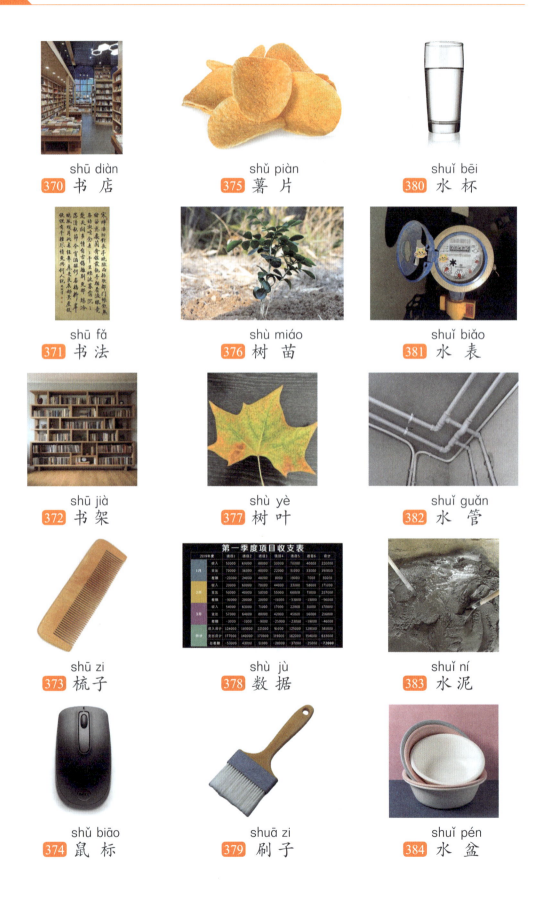

shū diàn
370 书 店

shǔ piàn
375 薯 片

shuǐ bēi
380 水 杯

shū fǎ
371 书 法

shù miáo
376 树 苗

shuǐ biǎo
381 水 表

shū jià
372 书 架

shù yè
377 树 叶

shuǐ guǎn
382 水 管

shū zi
373 梳 子

shù jù
378 数 据

shuǐ ní
383 水 泥

shǔ biāo
374 鼠 标

shuā zi
379 刷 子

shuǐ pén
384 水 盆

shuǐ tǒng
385 水 桶

suān nǎi
390 酸 奶

tái qiú
395 台 球

shuì yī
386 睡 衣

suàn tái
391 蒜 薹

tài yáng
396 太 阳

sī guā
387 丝 瓜

suǒ zi
392 锁 子

tán huáng
397 弹 簧

sì liào
388 饲 料

tǎ diào
393 塔 吊

tāng yuán
398 汤 圆

sōng shù
389 松 树

tái dēng
394 台 灯

tiān é
399 天 鹅

tiān xiàn
400 天 线

tiě xiān
405 铁 锹

tǔ dòu
410 土 豆

tián cài
401 甜 菜

tóu fa
406 头 发

tù zi
411 兔子

tián guā
402 甜 瓜

tóu shéng
407 头 绳

tuō bǎ
412 拖把

tiào shéng
403 跳 绳

tóu yǐng
408 投 影

tuō xié
413 拖 鞋

tiě lù
404 铁路

tú liào
409 涂 料

tuó niǎo
414 鸵 鸟

wà zi
415 袜子

wǎng zhàn
420 网 站

wéi qún
425 围 裙

wài mài
416 外 卖

wēi bó
421 微 博

wèi xīng
426 卫 星

wǎn xiá
417 晚 霞

wēi xìn
422 微 信

wēn shì
427 温 室

wǎng bā
418 网 吧

wéi jīn
423 围 巾

wén zhàng
428 蚊 帐

wǎng yǒu
419 网 友

wéi qí
424 围 棋

wò pù
429 卧 铺

wū yā
430 乌鸦

xī shuài
435 蟋蟀

xiāng zi
440 箱子

wú tóng
431 梧桐

xiān huā
436 鲜花

xiàng liàn
441 项链

xī guā
432 西瓜

xiāng cài
437 香菜

xiàng jī
442 相机

xī zhuāng
433 西装

xiāng cháng
438 香肠

xiǎo mǐ
443 小米

xī guǎn
434 吸管

xiāng jiāo
439 香蕉

xié dàir
444 鞋带儿

xié diànr
445 鞋 垫 儿

xìn fēng
450 信 封

xuē zi
455 靴子

xié guì
446 鞋 柜

xīng xing
451 星 星

xuě bào
456 雪 豹

xié hé
447 鞋 盒

xìng zi
452 杏子

yá gāo
457 牙 膏

xié tào
448 鞋 套

xióng māo
453 熊 猫

yá qiān
458 牙 签

xīn piàn
449 芯 片

xiù tào
454 袖 套

yá shuā
459 牙 刷

yá xiàn
460 牙线

yǎn jìng
465 眼镜

yāo dài
470 腰带

yá chóng
461 蚜虫

yáng juàn
466 羊圈

yāo guǒ
471 腰果

yǎ líng
462 哑铃

yáng tái
467 阳台

yào diàn
472 药店

yān huā
463 烟花

yáng shù
468 杨树

yào shi
473 钥匙

yán liào
464 颜料

yáng cōng
469 洋葱

yè shì
474 夜市

yī guì
475 衣柜

yín ěr
480 银耳

yìng pán
485 硬盘

yī jià
476 衣架

yín háng
481 银行

yìng zuò
486 硬座

yī shēng
477 医生

yīng tao
482 樱桃

yǒng yī
487 泳衣

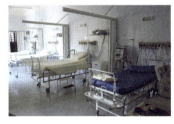

yī yuàn
478 医院

yǐng yuàn
483 影院

yóu piào
488 邮票

yīn xiǎng
479 音响

yìng bì
484 硬币

yóu xiāng
489 邮箱

yóu cài
490 油菜

yòu zi
495 柚子

yù mǐ
500 玉米

yóu qī
491 油漆

yú qián
496 榆钱

yù shí
501 玉石

yóu tiáo
492 油条

yú shù
497 榆树

yù bà
502 浴霸

yóu yú
493 鱿鱼

yǔ máo
498 羽毛

yù jīn
503 浴巾

yóu xì
494 游戏

yù lán
499 玉兰

yuè bing
504 月饼

yuè liang
505 月 亮

zhà lan
510 栅 栏

zhěn suǒ
515 诊 所

yún pán
506 云 盘

zhān mào
511 毡 帽

zhěn tou
516 枕 头

zá zhì
507 杂 志

zhàn tái
512 站 台

zhēng guō
517 蒸 锅

zàng áo
508 藏 獒

zhāng láng
513 蟑 螂

zhēng lóng
518 蒸 笼

zǎo shì
509 早 市

zhēn xiàn
514 针 线

zhèng jiàn
519 证 件

zhī ma
520 芝麻

zhǐ xiāng
525 纸 箱

zǒu láng
530 走 廊

zhī liǎo
521 知 了

zhuā fàn
526 抓 饭

zú qiú
531 足 球

zhī zhū
522 蜘 蛛

zhuān chē
527 专 车

zuàn jī
532 钻 机

zhí bō
523 直 播

zǐ cài
528 紫菜

zhǐ bì
524 纸 币

zì diǎn
529 字 典

第二部分

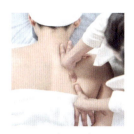

àn mó
1 按摩

bá yá
5 拔牙

bān zhuān
9 搬砖

áo tāng
2 熬汤

bài nián
6 拜年

bāo zā
10 包扎

áo zhōu
3 熬粥

bān jiǎng
7 颁奖

bāo ké
11 剥壳

bá cǎo
4 拔草

bān jiā
8 搬家

bào jǐng
12 报警

cā shǒu
13　擦 手

chàng xì
18　唱 戏

chéng liáng
23　乘 凉

cā zuǐ
14　擦 嘴

chāo chē
19　超 车

chī fàn
24　吃 饭

chā duì
15　插 队

chǎo jià
20　吵 架

chī yào
25　吃 药

chā kǎ
16　插 卡

chǎo cài
21　炒 菜

chōng diàn
26　充 电

chàng gē
17　唱 歌

chǎo fàn
22　炒 饭

chōng zhí
27　充 值

chōu jiǎng
28 抽 奖

chuī qì
33 吹 气

dǎ dī
38 打 的

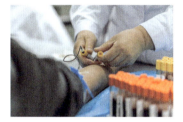

chōu xiě
29 抽 血

chuí bèi
34 捶 背

dǎ dòng
39 打 洞

chú cǎo
30 除 草

cún qián
35 存 钱

dǎ gōng
40 打 工

chuān xié
31 穿 鞋

cuō zǎo
36 搓 澡

dǎ gǔ
41 打 鼓

chuān yī
32 穿 衣

dǎ bāo
37 打 包

dǎ jǐng
42 打 井

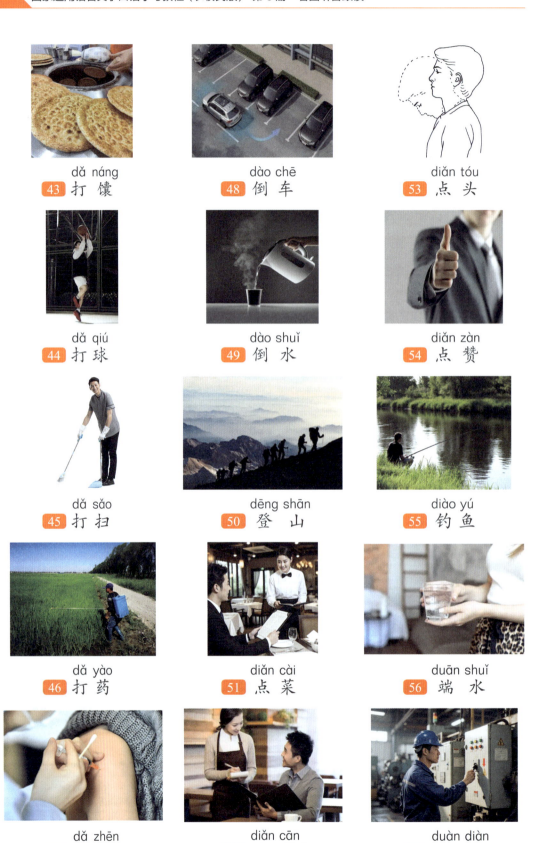

dǎ náng
43 打 馕

dào chē
48 倒 车

diǎn tóu
53 点 头

dǎ qiú
44 打 球

dào shuǐ
49 倒 水

diǎn zàn
54 点 赞

dǎ sǎo
45 打 扫

dēng shān
50 登 山

diào yú
55 钓 鱼

dǎ yào
46 打 药

diǎn cài
51 点 菜

duān shuǐ
56 端 水

dǎ zhēn
47 打 针

diǎn cān
52 点 餐

duàn diàn
57 断 电

dùn jī
58 炖鸡

gài fáng
63 盖房

gǔ zhǎng
68 鼓掌

duò jiǎo
59 跺脚

gài zhāng
64 盖章

guā fēng
69 刮风

fā dǒu
60 发抖

gǎn jí
65 赶集

guà dǎng
70 挂挡

fān qiáng
61 翻墙

gē cǎo
66 割草

guà hào
71 挂号

fàng yáng
62 放羊

gēng dì
67 耕地

guān dēng
72 关灯

guān mén
73 关 门

hē shuǐ
78 喝水

huà tú
83 画图

guàng jiē
74 逛街

huá chuán
79 划 船

huī shǒu
84 挥手

guò nián
75 过 年

huá bīng
80 滑冰

huó miàn
85 和 面

guò qiáo
76 过桥

huá xuě
81 滑雪

jǐ nǎi
86 挤奶

hē chá
77 喝茶

huà huà
82 画画

jì xìn
87 寄信

jiā bān
88 加班

jiāo huā
93 浇花

jiù huǒ
98 救火

jiā yóu
89 加油

jié hūn
94 结婚

jū gōng
99 鞠躬

jiǎn piào
90 检票

jiě suǒ
95 解锁

jǔ shǒu
100 举手

jiǎn cǎo
91 剪草

jiè qián
96 借钱

jù huì
101 聚会

jiàn shēn
92 健身

jìng lǐ
97 敬礼

juē zuǐ
102 噘嘴

kāi chē
103 开车

kāi mén
108 开门

kàn shū
113 看书

kāi chuāng
104 开窗

kǎn chái
109 砍柴

kàn xì
114 看戏

kāi dāo
105 开刀

kǎn shù
110 砍树

kǎo huǒ
115 烤火

kāi dēng
106 开灯

kàn bào
111 看报

kē tóu
116 磕头

kāi jī
107 开机

kàn bìng
112 看病

ké sou
117 咳嗽

lā miàn
118 拉 面

lín yǔ
123 淋雨

mǎi dān
128 买单

lí dì
119 犁地

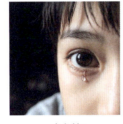

liú lèi
124 流泪

mǎi fáng
129 买 房

lǐ fà
120 理发

liù gǒu
125 遛 狗

mǎi piào
130 买 票

liàn zì
121 练字

lù yīn
126 录音

měi róng
131 美 容

liáo tiānr
122 聊天儿

mǎi cài
127 买菜

miè huǒ
132 灭 火

mó dāo
133 磨刀

pāi zhào
138 拍照

pèng bēi
143 碰杯

niàng jiǔ
134 酿酒

pái duì
139 排队

pī chái
144 劈柴

pá shān
135 爬山

pǎo bù
140 跑步

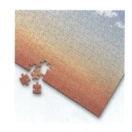

pīn tú
145 拼图

pá shù
136 爬树

pào chá
141 泡茶

pō shuǐ
146 泼水

pāi shǒu
137 拍手

pào jiǎo
142 泡脚

pū lù
147 铺路

qí mǎ
148 骑马

qiāo mén
153 敲门

qǐng kè
158 请客

qǐ chuáng
149 起床

qiē cài
154 切菜

qǔ qián
159 取钱

qiā liǎn
150 掐脸

qiē guā
155 切瓜

ràng zuò
160 让座

qiān shǒu
151 牵手

qiē lí
156 切梨

sǎ shuǐ
161 洒水

qiān zì
152 签字

qiè ròu
157 切肉

sài mǎ
162 赛马

sàn bù
163 散 步

shàng kè
168 上 课

shēng qí
173 升 旗

sǎo dì
164 扫 地

shàng lóu
169 上 楼

shī féi
174 施 肥

sǎo mǎ
165 扫 码

shàng wǎng
170 上 网

shū tóu
175 梳 头

shā chē
166 刹 车

shàng xué
171 上 学

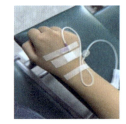

shū yè
176 输 液

shàng chē
167 上 车

shāo shuǐ
172 烧 水

shǔ qián
177 数 钱

shuā dān
178 刷 单

shuā xié
183 刷 鞋

sī zhǐ
188 撕纸

shuā kǎ
179 刷 卡

shuā yá
184 刷 牙

sòng huò
189 送 货

shuā liǎn
180 刷 脸

shuāi dǎo
185 摔 倒

tái tóu
190 抬 头

shuā qī
181 刷 漆

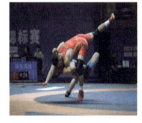

shuāi jiāo
186 摔 跤

tán qín
191 弹 琴

shuā qiáng
182 刷 墙

shuì jiào
187 睡 觉

tàn qì
192 叹气

tàng fà
193 烫发

tiāo shuǐ
198 挑水

tiào yuǎn
203 跳远

táo mǐ
194 淘米

tiào gāo
199 跳高

tīng gē
204 听歌

tī qiú
195 踢球

tiào sǎn
200 跳伞

tīng kè
205 听课

tī tuǐ
196 踢腿

tiào shéng
201 跳绳

tīng zhěn
206 听诊

tì tóu
197 剃头

tiào wǔ
202 跳舞

tíng diàn
207 停电

tóu lán
208 投篮

wā tǔ
213 挖土

wǔ shī
218 舞狮

tóu piào
209 投票

wān yāo
214 弯腰

xǐ cài
219 洗菜

tuì huò
210 退货

wèi niǎo
215 喂鸟

xǐ liǎn
220 洗脸

tuō dì
211 拖地

wèi niú
216 喂牛

xǐ shǒu
221 洗手

wā kēng
212 挖坑

wò shǒu
217 握手

xǐ tóu
222 洗头

xǐ wǎn
223 洗 碗

xià lóu
228 下 楼

xiàn xiě
233 献 血

xǐ zǎo
224 洗 澡

xià qí
229 下 棋

xiāng qīn
234 相 亲

xià bān
225 下 班

xià shān
230 下 山

xiě xìn
235 写 信

xià chē
226 下 车

xià xuě
231 下 雪

xiě zì
236 写 字

xià dàn
227 下 蛋

xià yǔ
232 下 雨

xiū chē
237 修 车

xiū lù
238 修 路

yáo tóu
243 摇 头

zhà zhī
248 榨 汁

xiù huā
239 绣 花

yōng bào
244 拥 抱

zhái cài
249 择 菜

xiāo pí
240 削 皮

yóu yǒng
245 游 泳

zhàn duì
250 站 队

yǎn chū
241 演 出

yuē huì
246 约 会

zhàn gǎng
251 站 岗

yǎn jiǎng
242 演 讲

zhǎ yǎn
247 眨 眼

zhāng zuǐ
252 张 嘴

zhāo shǒu
253 招 手

zhī bù
258 织 布

zhuā jiūr
263 抓 阄儿

zháo huǒ
254 着 火

zhì shā
259 治 沙

zhuǎn wān
264 转 弯

zhào xiàng
255 照 相

zhòng shù
260 种 树

zhuàn quān
265 转 圈

zhēng yǎn
256 睁 眼

zhòu méi
261 皱 眉

zhuāng huò
266 装 货

zhēng mó
257 蒸 馍

zhǔ ròu
262 煮 肉

zhuàng chē
267 撞 车

zhuī xīng
268 追 星

zuò fàn
271 做 饭

zuò tí
274 做 题

zǒu lù
269 走 路

zuò kè
272 做 客

zuò chē
270 坐 车

zuò mèng
273 做 梦

看图听音跟读三音节词语

扫一扫，听一听，跟读图片所对应的三音节词语。

第一部分

ān quán mào
1 安 全 帽

bā dàn mù
4 巴 旦 木

bǎi xiāng guǒ
7 百 香 果

ān chún dàn
2 鹌 鹑 蛋

bái huà shù
5 白 桦 树

bāo xīn cài
8 包 心 菜

bā bǎo zhōu
3 八 宝 粥

bǎi hé huā
6 百 合 花

bāo gǔ miàn
9 苞 谷 面

bǎo xiān mó
10 保 鲜 膜

biàn yā qì
15 变 压 器

bō cài miàn
20 菠 菜 面

bào jǐng qì
11 报 警 器

bīng jī líng
16 冰 激 凌

bō zhǒng jī
21 播 种 机

bào fēng xuě
12 暴 风 雪

bīng xiāng tiē
17 冰 箱 贴

bó wù guǎn
22 博 物 馆

bào mǐ huā
13 爆 米 花

bīng mǎ yǒng
18 兵 马 俑

bò he chá
23 薄 荷 茶

běi jí xióng
14 北 极 熊

bō li píng
19 玻 璃 瓶

bù gǔ niǎo
24 布 谷 鸟

cǎi mián jī
25 采 棉 机

cháng shòu miàn
30 长 寿 面

chú cǎo jì
35 除 草 剂

cài zǐ yóu
26 菜 籽 油

chǎo mǐ fěn
31 炒 米 粉

chuán zhēn jī
36 传 真 机

chā yāng jī
27 插 秧 机

chōng diàn bǎo
32 充 电 宝

chuáng tóu guì
37 床 头 柜

chái yóu jī
28 柴 油 机

chōng diàn xiàn
33 充 电 线

chuī fēng jī
38 吹 风 机

cháng jǐng lù
29 长 颈 鹿

chú cǎo jī
34 除 草 机

cūn wěi huì
39 村 委 会

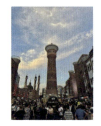

dà bā zhā
40 大 巴 扎

dāo xiāo miàn
45 刀 削 面

diàn nuǎn qì
50 电 暖 器

dà bái cài
41 大 白 菜

dào cǎo rén
46 稻 草 人

diàn píng chē
51 电 瓶 车

dà pán jī
42 大 盘 鸡

dì qiú yí
47 地 球 仪

diàn rè tǎn
52 电 热 毯

dà xióng māo
43 大 熊 猫

diàn bīng xiāng
48 电 冰 箱

diàn shì jī
53 电 视 机

dān dǐng hè
44 丹 顶 鹤

diàn cí lú
49 电 磁 炉

diàn shì tǎ
54 电 视 塔

diàn yǐng yuàn
55 电 影 院

dòu fu gān
60 豆 腐 干

fāng biàn miàn
65 方 便 面

diàn yùn dǒu
56 电 熨 斗

dòu fu nǎo
61 豆 腐 脑

fāng xiàng pán
66 方 向 盘

diàn zǐ chèng
57 电 子 秤

èr wéi mǎ
62 二 维 码

fáng chóng wǎng
67 防 虫 网

diào dǐng dēng
58 吊 顶 灯

fā diàn jī
63 发 电 机

fáng dào mén
68 防 盗 门

diào yú gān
59 钓 鱼 竿

fān dǒu chē
64 翻 斗 车

fáng fǔ jì
69 防 腐 剂

fáng hóng bà
70 防 洪 坝

fù yìn jī
75 复 印 机

gōng jù xiāng
80 工 具 箱

fàng dà jìng
71 放 大 镜

gǎn mào yào
76 感 冒 药

gōng jiāo chē
81 公 交 车

fēi xíng yuán
72 飞 行 员

gē bì tān
77 戈 壁 滩

gǔ fēng jī
82 鼓 风 机

fěn suì jī
73 粉 碎 机

gē zi tāng
78 鸽 子 汤

hā mì guā
83 哈 密 瓜

fēng gān ròu
74 风 干 肉

gē cǎo jī
79 割 草 机

hé bāo dàn
84 荷 包 蛋

hōng gān jī
85 烘干机

hù kǒu běnr
90 户口本儿

huǒ lóng guǒ
95 火龙果

hóng liǔ zhī
86 红柳枝

huā jiāo yóu
91 花椒油

huǒ tuǐ cháng
96 火腿肠

hóng lǜ dēng
87 红绿灯

huā shēng mǐ
92 花生米

huǒ yàn shān
97 火焰山

hú luó bo
88 胡萝卜

huàn dēng piàn
93 幻灯片

jī dǐng hé
98 机顶盒

hú yáng lín
89 胡杨林

hùn níng tǔ
94 混凝土

jī qì rén
99 机器人

jī guān huā
100 鸡冠花

jià zi ròu
105 架子肉

jiù hù chē
110 救护车

jì suàn jī
101 计算机

jiǎn sù dài
106 减速带

jiù shēng yī
111 救生衣

jì suàn qì
102 计算器

jiàng luò sǎn
107 降落伞

kāi xīn guǒ
112 开心果

jiā shī qì
103 加湿器

jiǎo bàn chē
108 搅拌车

kāng nǎi xīn
113 康乃馨

jiā yóu zhàn
104 加油站

jiū piàn zi
109 揪片子

kǎo bāo zi
114 烤包子

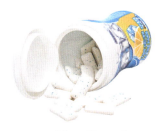

kǒu xiāng táng
115 口 香 糖

là bā zhōu
120 腊八 粥

lěng cáng chē
125 冷 藏 车

lā jī chē
116 垃圾车

là jiāo jiàng
121 辣椒 酱

lǐ diàn chí
126 锂电 池

lā jī dài
117 垃圾袋

là jiāo miàn
122 辣椒 面

lì jiāo qiáo
127 立交 桥

lā jī tǒng
118 垃圾 桶

là zi jī
123 辣子鸡

lián yī qún
128 连衣裙

lǎ ba huā
119 喇叭花

lǎo huā jìng
124 老花镜

lián huān huì
129 联 欢 会

liàng yī jià
130　晾衣架

lù yóu qì
135　路由器

mǎ sài kè
140　马赛克

liú lǎn qì
131　浏览器

luó sī dāo
136　螺丝刀

mài kè fēng
141　麦克风

lóng juǎn fēng
132　龙卷风

luó sī dīng
137　螺丝钉

māo tóu yīng
142　猫头鹰

lù yīn bǐ
133　录音笔

lǜ huà dài
138　绿化带

máo jīn bèi
143　毛巾被

lù yīn jī
134　录音机

má là tàng
139　麻辣烫

máo mao chóng
144　毛毛虫

máo cǎo wū
145 茅草屋

mǐ cháng zi
150 米肠子

miè huǒ qì
155 灭火器

méi huā lù
146 梅花鹿

mián huā táng
151 棉花糖

mó tuō chē
156 摩托车

méi qì zào
147 煤气灶

mián huā tián
152 棉花田

mó dāo shí
157 磨刀石

měi shí jiē
148 美食街

miàn bāo chē
153 面包车

nán guā zǐ
158 南瓜子

měi shù guǎn
149 美术馆

miàn fèi zi
154 面肺子

náng kēng ròu
159 馕坑肉

niú jīn miàn
160 牛筋面

nuǎn shuǐ píng
165 暖水瓶

píng dǐ guō
170 平底锅

niú nǎi táng
161 牛奶糖

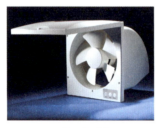

pái qì shàn
166 排气扇

píng guǒ zhī
171 苹果汁

niú ròu gān
162 牛肉干

pái shuǐ guǎn
167 排水管

pú tao gān
172 葡萄干

niú ròu miàn
163 牛肉面

pīng pāng qiú
168 乒乓球

pú tao jià
173 葡萄架

niú zǎi kù
164 牛仔裤

píng bǎn chē
169 平板车

pú gōng yīng
174 蒲公英

qǐ zhòng jī
175 起 重 机

rén mín bì
180 人 民 币

sān lún chē
185 三 轮 车

qiān jīn dǐng
176 千 斤 顶

rén xíng dào
181 人 行 道

sǎo xuě chē
186 扫 雪 车

qiān niú huā
177 牵 牛 花

ròu jiā mó
182 肉 夹 馍

shā chóng jì
187 杀 虫 剂

qián shuǐ tǐng
178 潜 水 艇

sǎ shuǐ chē
183 洒 水 车

shān zhā piàn
188 山 楂 片

qǔ kuǎn jī
179 取 款 机

sān jiǎo xíng
184 三 角 形

shāo shuǐ hú
189 烧 水 壶

shè xiàng tóu
190 摄 像 头

shōu yīn jī
195 收 音 机

shǒu zhuā fàn
200 手 抓 饭

shēn fèn zhèng
191 身 份 证

shǒu diàn tǒng
196 手 电 筒

shǒu zhuā ròu
201 手 抓 肉

shí liu zhī
192 石 榴 汁

shǒu gǎn miàn
197 手 擀 面

shuǐ lóng tóu
202 水 龙 头

shōu fèi zhàn
193 收 费 站

shǒu shù dāo
198 手 术 刀

shuǐ mì táo
203 水 蜜 桃

shōu gē jī
194 收 割 机

shǒu tuī chē
199 手 推 车

shuǐ ní guàn
204 水 泥 罐

sì hé yuàn
205 四合 院

táng hú lu
210 糖 葫芦

tiě pí fáng
215 铁皮 房

sōng shù lín
206 松 树 林

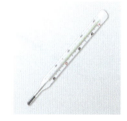

tǐ wēn jì
211 体温计

tīng zhěn qì
216 听 诊 器

sù liào dài
207 塑 料 袋

tì xū dāo
212 剃须 刀

tú shū guǎn
217 图书 馆

sù liào mó
208 塑 料 膜

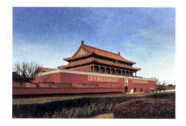

tiān ān mén
213 天 安 门

tǔ dòu sī
218 土豆 丝

sūn wù kōng
209 孙悟 空

tiān huā bǎn
214 天 花 板

tuī tǔ jī
219 推土机

tuō lā jī
220 拖拉机

wēi bō lú
225 微波炉

xī chén qì
230 吸尘器

tuó niǎo dàn
221 鸵鸟蛋

wēn dù jì
226 温度计

xǐ fà shuǐ
231 洗发水

wán zi tāng
222 丸子汤

wén jiàn jiā
227 文件夹

xǐ jié jīng
232 洗洁精

wǎng yuē chē
223 网约车

wú huā guǒ
228 无花果

xǐ yī jī
233 洗衣机

wàng yuǎn jìng
224 望远镜

wú rén jī
229 无人机

xiān rén zhǎng
234 仙人掌

xiǎn wēi jìng
235 显 微 镜

xiǎo bái xìng
240 小 白 杏

xìn hào dēng
245 信 号 灯

xiàng rì kuí
236 向 日 葵

xiǎo lóng bāo
241 小 笼 包

xìn yòng kǎ
246 信 用 卡

xiāo dú guì
237 消 毒 柜

xiǎo mài bù
242 小 卖 部

xíng li xiāng
247 行 李 箱

xiāo dú yè
238 消 毒 液

xiě zì lóu
243 写 字 楼

xiū jiǎn jī
248 修 剪 机

xiāo fáng chē
239 消 防 车

xīn diàn tú
244 心 电 图

xūn yī cǎo
249 薰 衣 草

yā lù jī
250 压路机

yáng máo shān
255 羊毛衫

yào shi kòu
260 钥匙扣

yā suì qián
251 压岁钱

yáng ròu chuàn
256 羊肉串

yī lí hé
261 伊犁河

yǎn chàng huì
252 演唱会

yǎng lǎo yuàn
257 养老院

yī bǎo kǎ
262 医保卡

yàn chāo jī
253 验钞机

yǎng qì guàn
258 氧气罐

yīn yuè tīng
263 音乐厅

yáng dǔ zi
254 羊肚子

yáo kòng qì
259 遥控器

yín háng kǎ
264 银行卡

yīng ér chē
265 婴 儿 车

yóu xì jī
270 游 戏 机

yùn dòng xié
275 运 动 鞋

yīng zuǐ dòu
266 鹰 嘴 豆

yòu ér yuán
271 幼 儿 园

zhá jiàng miàn
276 炸 酱 面

yóu guàn chē
267 油 罐 车

yǔ róng fú
272 羽 绒 服

zhào xiàng jī
277 照 相 机

yóu tǎ zi
268 油 塔 子

yù mǐ dì
273 玉 米 地

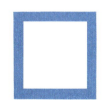

zhèng fāng xíng
278 正 方 形

yóu lè chǎng
269 游 乐 场

yù mǐ miàn
274 玉 米 面

zhī fù bǎo
279 支 付 宝

zhí shēng jī
280 直 升 机

zhǐ nán zhēn
283 指 南 针

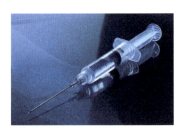

zhù shè qì
286 注 射 器

zhǐ téng yào
281 止 疼 药

zhōng guó jié
284 中 国 结

zhuó mù niǎo
287 啄 木 鸟

zhǐ jia dāo
282 指 甲 刀

zhǔ dàn qì
285 煮 蛋 器

zuān tàn jī
288 钻 探 机

第二部分

bā dài méi
1 八 袋 煤

bā dài miàn
2 八 袋 面

bā fèn fàn
3 八 份 饭

bàn bēi jiǔ
4 半 杯 酒

hǎo duō rén
9 好 多 人

hěn duō méi
14 很 多 煤

bàn jīn mǐ
5 半 斤 米

hěn duō chē
10 很 多 车

hěn duō niǎo
15 很 多 鸟

bàn jīn ròu
6 半 斤 肉

hěn duō guā
11 很 多 瓜

hěn duō shù
16 很 多 树

bàn píng shuǐ
7 半 瓶 水

hěn duō lí
12 很 多 梨

hěn duō táng
17 很 多 糖

bàn tǒng yóu
8 半 桶 油

hěn duō lóu
13 很 多 楼

hěn duō xióng
18 很 多 熊

hěn duō yán
19 很 多 盐

jǐ bàn suàn
24 几 瓣 蒜

jǐ dài yán
29 几 袋 盐

hěn duō yáng
20 很 多 羊

jǐ bāo yào
25 几 包 药

jǐ dào qú
30 几 道 渠

jǐ bǎ cǎo
21 几 把 草

jǐ bēi jiǔ
26 几 杯 酒

jǐ dào tí
31 几 道 题

jǐ bǎ sǎn
22 几 把 伞

jǐ chù shāng
27 几 处 伤

jǐ dī lèi
32 几 滴 泪

jǐ bǎ suǒ
23 几 把 锁

jǐ dài miàn
28 几 袋 面

jǐ duī tǔ
33 几 堆 土

jǐ dūn tiě
34 几吨铁

jǐ fù pái
39 几副牌

jǐ gēn cōng
44 几根葱

jǐ duǒ yún
35 几朵云

jǐ gè dòng
40 几个洞

jǐ gēn là
45 几根蜡

jǐ duò cǎo
36 几垛草

jǐ gè náng
41 几个馕

jǐ gēn máo
46 几根毛

jǐ fèn bào
37 几份报

jǐ gè wō
42 几个窝

jǐ gēn miáo
47 几根苗

jǐ fú tú
38 几幅图

货真价实

jǐ gè zì
43 几个字

jǐ gēn téng
48 几根藤

jǐ hé táng
49 几盒 糖

jǐ kuài bīng
54 几块 冰

jǐ miàn qí
59 几面 旗

jǐ hé yào
50 几盒 药

jǐ kuài yù
55 几块 玉

jǐ miàn qiáng
60 几面 墙

jǐ jiān wū
51 几间 屋

jǐ lán zǎo
56 几篮 枣

jǐ pén huā
61 几盆 花

jǐ juǎn zhǐ
52 几卷 纸

jǐ lì yào
57 几粒 药

jǐ pǐ mǎ
62 几匹马

jǐ kuài bǎn
53 几块 板

jǐ miàn gǔ
58 几面 鼓

jǐ piàn yè
63 几片 叶

jǐ píng shuǐ
64 几瓶 水

jǐ tǒng yóu
69 几桶 油

jǐ wǎn tāng
74 几碗 汤

jǐ tiáo chóng
65 几条 虫

jǐ tóu lù
70 几头鹿

jǐ wǎn zhōu
75 几碗 粥

jǐ tiáo gōu
66 几条 沟

jǐ tóu niú
71 几头 牛

jǐ zhāng piào
76 几 张 票

jǐ tiáo xiàn
67 几条 线

jǐ tóu xiàng
72 几头 象

jǐ zhāng tú
77 几 张 图

jǐ tiáo yú
68 几条 鱼

jǐ wǎn ròu
73 几碗 肉

jǐ zhī bǐ
78 几支笔

jǐ zhī niǎo
79　几只鸟

liǎng bǎ qín
84　两把琴

liǎng gēn zhēn
89　两根针

jǐ zhī yáng
80　几只羊

liǎng chē rén
85　两车人

liǎng gǔ fēng
90　两股风

jǐ zhī méi
81　几枝梅

liǎng dào méi
86　两道眉

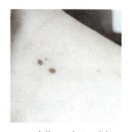

liǎng kē zhì
91　两颗痣

jiǔ kǒu gāng
82　九口缸

liǎng dào wān
87　两道湾

liǎng kǔn cǎo
92　两捆草

jiǔ zhāng kǎ
83　九张卡

liǎng fú huà
88　两幅画

liǎng liàng chē
93　两辆车

liǎng miàn qí
94 两 面 旗

liǎng shàn mén
99 两 扇 门

liǎng tuó ní
104 两 坨 泥

liǎng miàn qiáng
95 两 面 墙

liǎng sōu chuán
100 两 艘 船

liǎng xiāng lí
105 两 箱 梨

liǎng pái shù
96 两 排 树

liǎng tiáo jiāng
101 两 条 江

liǎng zhāng chuáng
106 两 张 床

liǎng qún dié
97 两 群 蝶

liǎng tiáo tuǐ
102 两 条 腿

liǎng zhī jiǎng
107 两 支 桨

liǎng qún yàn
98 两 群 雁

liǎng tóu suàn
103 两 头 蒜

liǎng zhī fēng
108 两 只 蜂

liǎng zhī jiǎo
109 两只脚

liù xiāng táo
114 六箱桃

qī zhāng lí
119 七张犁

liǎng zhī shǒu
110 两只手

liù zhī bǐ
115 六支笔

sān bāo táng
120 三包糖

liǎng zhī yǎn
111 两只眼

liù zhī māo
116 六只猫

sān cháng xuě
121 三场雪

liù kǒu jǐng
112 六口井

qī gēn xián
117 七根弦

sān dào tí
122 三道题

liù kuài tián
113 六块田

qī kǒu gāng
118 七口缸

sān fù pái
123 三副牌

sān hé yào
124 三 盒 药

sān liàng chē
129 三 辆 车

sān zhī hóu
134 三 只 猴

sān kǒu rén
125 三 口 人

sān tǒng bǐ
130 三 筒 笔

sān zhī yīng
135 三 只 鹰

sān kuài bù
126 三 块 布

sān wǎn fàn
131 三 碗 饭

sān zhù xiāng
136 三 炷 香

sān kuài jiāng
127 三 块 姜

sān zhāng bǐng
132 三 张 饼

sān zuò tǎ
137 三 座 塔

sān kuài tàn
128 三 块 炭

sān zhāng piào
133 三 张 票

sān zuò zhōng
138 三 座 钟

shí kē zǎo
139 十颗枣

shù dào guāng
144 数道光

sì jià gǔ
149 四架鼓

shí kǒu guō
140 十口锅

shù gēn zhēn
145 数根针

sì jù shī
150 四句诗

shí tiáo cán
141 十条蚕

shù lì yào
146 数粒药

sì pǐ bù
151 四匹布

shí zhī lù
142 十只鹿

shù zhī yā
147 数只鸭

sì píng cù
152 四瓶醋

shí zhī niǎo
143 十只鸟

sì gè kuāng
148 四个筐

sì tiáo hé
153 四条河

sì wǎn tāng
154 四 碗 汤

wǔ bǎ qiāo
159 五 把 锹

wǔ méi zhāng
164 五 枚 章

sì xiāng jiǔ
155 四 箱 酒

wǔ dá qián
160 五 沓 钱

wǔ píng yóu
165 五 瓶 油

sì zhāng tú
156 四 张 图

wǔ dié zhǐ
161 五 叠 纸

wǔ tiáo gǒu
166 五 条 狗

sì zhī māo
157 四 只 猫

wǔ duǒ yún
162 五 朵 云

wǔ wǎn miàn
167 五 碗 面

wú shù xīng
158 无 数 星

wǔ juǎn zhǐ
163 五 卷 纸

wǔ yá guā
168 五 牙 瓜

wǔ yè zhǐ
169 五页纸

xǔ duō niú
174 许多牛

xǔ duō xiā
179 许多虾

wǔ zhī jī
170 五只鸡

xǔ duō qián
175 许多钱

xǔ duō xìn
180 许多信

xǔ duō hàn
171 许多汗

xǔ duō rén
176 许多人

xǔ duō yú
181 许多鱼

xǔ duō huā
172 许多花

xǔ duō sī
177 许多丝

xǔ duō zhǐ
182 许多纸

xǔ duō lù
173 许多鹿

xǔ duō wǎ
178 许多瓦

yí chuàn ròu
183 一串肉

yí dì xuě
184 一地雪

yí kuài dì
189 一块地

yí piàn hú
194 一片湖

yí duì rén
185 一队人

yí kuài tiě
190 一块铁

yí piàn shā
195 一片沙

yí fù guǎi
186 一副拐

yí kuài zhuān
191 一块砖

yí piàn tiān
196 一片天

yí gè mó
187 一个馍

yí luò shū
192 一摞书

yí piàn tián
197 一片田

yí guàn chá
188 一罐茶

yí piàn hǎi
193 一片海

yí piàn wǎ
198 一片瓦

yí shàn chuāng
199 一 扇 窗

yí zuò kuàng
204 一 座 矿

yì bǎ huī
209 一把灰

yí shù guāng
200 一 束 光

yí zuò mù
205 一 座 墓

yì bǎ huǒ
210 一把火

yí shù huā
201 一束花

yí zuò qiáo
206 一 座 桥

yì bǎ mǐ
211 一把米

yí zuò bà
202 一座坝

yí zuò shān
207 一 座 山

yì bǎ shā
212 一把沙

yí zuò dǎo
203 一座岛

yì bǎ chǐ
208 一把尺

yì bǎ suǒ
213 一把锁

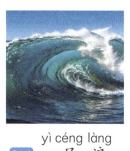

yì céng làng
214 一层 浪

yì dá qián
219 一沓 钱

yì gǎn chèng
224 一杆 秤

yì céng shuāng
215 一层 霜

yì dī shuǐ
220 一滴 水

yì gāng cù
225 一缸 醋

yì cháng yǔ
216 一场 雨

yì dōu qián
221 一兜 钱

yì gēn guǎn
226 一根 管

yì chē guā
217 一车 瓜

yì dǔ qiáng
222 一堵 墙

yì gēn gùn
227 一根 棍

yì chē huò
218 一车 货

yì duī zhuān
223 一堆 砖

yì gēn xiàn
228 一根 线

yì gēn yān
229 一 根 烟

yì jiān fáng
234 一 间 房

yì kē yá
239 一颗牙

yì guō tāng
230 一锅 汤

yì kē cài
235 一棵菜

yì kē yào
240 一颗 药

yì guō zhōu
231 一锅 粥

yì kē sōng
236 一棵 松

yì kǒu fàn
241 一口 饭

yì hé cài
232 一盒菜

yì kē xīn
237 一颗心

yì kǒu guō
242 一口 锅

yì hú chá
233 一壶茶

yì kē xìng
238 一颗杏

yì kuāng lí
243 一 筐 梨

yì kǔn chái
244 一捆柴

yì pán qí
249 一盘棋

yì píng nǎi
254 一瓶奶

yì kǔn shéng
245 一捆绳

yì pén huā
250 一盆花

yì qún é
255 一群鹅

yì lóng niǎo
246 一笼鸟

yì pén xiā
251 一盆虾

yì qún lǘ
256 一群驴

yì lǚ yān
247 一缕烟

yì pěng tǔ
252 一捧土

yì qún niǎo
257 一群鸟

yì lún yuè
248 一轮月

yì pī huò
253 一批货

yì sháo yóu
258 一勺油

yì tān ní
259 一滩泥

yì tǒng shuǐ
264 一桶水

yì zhāng chuáng
269 一张床

yì tān shuǐ
260 一滩水

yì tuán wù
265 一团雾

yì zhāng liǎn
270 一张脸

yì tiáo jiē
261 一条街

yì wō dàn
266 一窝蛋

yì zhāng luó
271 一张锣

yì tiáo lóng
262 一条龙

yì xiāng shuǐ
267 一箱水

yì zhāng pí
272 一张皮

yì tiáo shé
263 一条蛇

yì zhǎn dēng
268 一盏灯

yì zhāng zhǐ
273 一张纸

yì zhāng zhuō
274 一 张 桌

yì zhī hǔ
277 一只虎

yì zhī tǒng
280 一只 桶

yì zhāng zuǐ
275 一 张 嘴

yì zhī jī
278 一只鸡

yì zhuō cài
281 一桌 菜

yì zhī biǎo
276 一只 表

yì zhī māo
279 一只 猫

yì zuǒ máo
282 一撮 毛

看图听音跟读多音节词语

扫一扫，听一听，跟读图片所对应的多音节词语。

jīn huáng de mài tián
1 金 黄 的 麦 田

gāo dà de lóu fáng
4 高 大 的 楼 房

hào chī de lí zi
2 好 吃 的 梨 子

qín láo de nóng mín
5 勤 劳 的 农 民

hóng hóng de tài yáng
3 红 红 的 太 阳

wū hēi de tóu fa
6 乌 黑 的 头 发

měi lì de gū niang
7 美丽的姑娘

gāo gāo de gè zi
12 高高的个子

rè nao de bā zhā
8 热闹的巴扎

bái bái de mián huā
13 白白的棉花

hēi sè de zhī ma
9 黑色的芝麻

xiǎo xiǎo de zhǒng zi
14 小小的种子

cū cū de shéng zi
10 粗粗的绳子

cháng cháng de liè chē
15 长长的列车

wān wān de yuè liang
11 弯弯的月亮

xiāng pēn pēn de zhuā fàn
16 香喷喷的抓饭

màn téng téng de niú chē
17 慢 腾 腾 的 牛 车

lǜ yóu yóu de cǎo dì
18 绿 油 油 的 草 地

rè téng téng de tāng fàn
19 热 腾 腾 的 汤 饭

ruǎn mián mián de zhěn tou
20 软 绵 绵 的 枕 头

máo róng róng de tù zi
21 毛 茸 茸 的 兔子

liàng liàng de tái dēng
22 亮 亮 的 台 灯

duǎn duǎn de tóu fa
23 短 短 的 头 发

xì xì de miàn tiáor
24 细细的 面 条儿

fāng fāng de hé zi
25 方 方 的 盒子

yuán yuán de chē lún
26 圆 圆 的 车 轮

jiān jiān de qiān bǐ

27 尖 尖 的 铅笔

biǎn biǎn de shì bǐng

28 扁 扁 的 柿 饼

xì xì de méi mao

29 细细的 眉 毛

tián tián de fēng mì

30 甜 甜 的 蜂 蜜

qín láo de mì fēng

31 勤 劳 的 蜜 蜂

tǐng bá de sōng shù

32 挺拔的 松 树

shū shì de shā fā

33 舒 适 的 沙 发

hòu hòu de chéng qiáng

34 厚 厚 的 城 墙

gāo gāo de bái yáng

35 高 高 的 白 杨

shēn shēn de shuǐ jǐng

36 深 深 的 水 井

wēn nuǎn de yáng guāng
37 温 暖 的 阳 光

yán rè de xià tiān
42 炎 热 的 夏 天

mào mì de sēn lín
38 茂 密 的 森 林

qū zhé de gōng lù
43 曲 折 的 公 路

hé shēn de yī fu
39 合 身 的 衣服

xīn xiān de shū cài
44 新 鲜 的 蔬 菜

nuǎn huo de mián ǎo
40 暖 和 的 棉 袄

piào liang de qún zi
45 漂 亮 的 裙子

qīng qīng de quán shuǐ
41 清 清 的 泉 水

hóng yàn yàn de yīng tao
46 红 艳 艳 的 樱 桃

qīng piāo piāo de qì qiú
47 轻 飘 飘 的 气 球

ruǎn hū hū de yáng máo
52 软 乎 乎 的 羊 毛

huáng càn càn de nán guā
48 黄 灿 灿 的 南 瓜

chén diàn diàn de láng tou
53 沉 甸 甸 的 榔 头

jié bái de yá chǐ
49 洁 白 的 牙 齿

yìng bāng bāng de miàn bāo
54 硬 邦 邦 的 面 包

xiǎng liàng de zhǎng shēng
50 响 亮 的 掌 声

chéng sè de pīng pāng qiú
55 橙 色 的 乒 乓 球

xióng wěi de cháng chéng
51 雄 伟 的 长 城

jīng zhì de shǒu shì
56 精 致 的 首 饰

bīng lěng de xuě huā
57 冰 冷 的 雪 花

jiē shi de tī zi
58 结 实 的 梯 子

fēi bēn de jùn mǎ
59 飞 奔 的 骏 马

shū shì de liè chē
60 舒 适 的 列 车

kuān kuān de jiān bǎng
61 宽 宽 的 肩 膀

pián yi de chē piào
62 便 宜 的 车 票

yōng jǐ de chē zhàn
63 拥 挤 的 车 站

zhòng zhòng de shū bāo
64 重 重 的 书 包

kě kǒu de fàn cài
65 可 口 的 饭 菜

ǎi ǎi de wéi qiáng
66 矮 矮 的 围 墙

tàng tàng de kāi shuǐ
67　烫 烫 的 开 水

zǐ sè de pú tao
68　紫色的葡萄

róu ruǎn de bù liào
69　柔 软 的 布 料

xiān hóng de píng guǒ
70　鲜 红 的 苹 果

yìng shí de mù bǎn
71　硬 实 的 木 板

pò jiù de yǐ zi
72　破旧的椅子

màn màn de zǒu
73　慢 慢 地 走

qīng qīng de ná
74　轻 轻 地 拿

qiāo qiāo de shuō
75　悄 悄 地 说

kuài kuài de pǎo
76　快 快 地 跑

tōu tōu de chī
77　偷偷地吃

měng měng de qiāo
78　猛猛地敲

wěn wěn de jǔ
79　稳稳地举

màn màn de tǎng
80　慢慢地躺

yòng lì de tuī
81　用力地推

tū rán zǒu chū qù
82　突然走出去

hū rán kū qǐ lái
83　忽然哭起来

yì zhí kàn diàn shì
84　一直看电视

màn màn pá shàng qù
85　慢慢爬上去

zhí zhí fēi shàng qù
86　直直飞上去

qiāo qiāo gào su tā
87 悄 悄 告诉他

tū rán dūn xià
92 突然蹲下

kuài yào qǐ fēi le
88 快 要起飞了

kuài diǎnr pǎo
93 快 点儿跑

zhèng zài xià dà yǔ
89 正 在下大雨

gǎn jǐn qù kāi mén
94 赶紧去开门

gǎn kuài shàng yī yuàn
90 赶 快 上 医院

mǎ shàng jiù lì chūn
95 马 上 就立春

màn diǎnr zǒu
91 慢 点儿走

zhōng yú dào jiā le
96 终 于到家了

àn shí chī yào
97 按 时 吃 药

gāng hǎo yào chū mén
102 刚 好 要 出 门

zhèng zài shàng lóu
98 正 在 上 楼

dì hěn huá
103 地 很 滑

zhǔn bèi xǐ wǎn
99 准 备 洗 碗

shuǐ hěn shēn
104 水 很 深

yì zhí guā dà fēng
100 一 直 刮 大 风

liǎn hěn hóng
105 脸 很 红

miǎn qiǎng chī xià qù
101 勉 强 吃 下 去

qí shí bù hǎo tīng
106 其实 不 好 听

kāi chē chū yuǎn mén
107 开 车 出 远 门

quán bù huí jiā le
112 全 部 回 家 了

qīn shǒu zhòng le shù
108 亲 手 种 了 树

dí què hěn hǎo chī
113 的 确 很 好 吃

zài jiā wán diàn nǎo
109 在 家 玩 电 脑

zhè jiā shū diàn dà
114 这 家 书 店 大

quán jiā tuán jù le
110 全 家 团 聚 了

jí máng pǎo chū qù
115 急 忙 跑 出 去

tōu tōu liū zǒu le
111 偷 偷 溜 走 了

hǎo dǎi cháng yì kǒu
116 好 歹 尝 一 口

xǐ huan kàn jīng jù
117 喜欢 看 京剧

tā hěn ài xiào
122 他很爱笑

shāo wēi gāo yì diǎnr
118 稍 微 高一点儿

hài pà dǎ zhēn
123 害怕打 针

shāo wēi dà yì diǎnr
119 稍 微 大一点儿

dí què hěn shēng qì
124 的确很 生 气

shāo wēi yǒu diǎnr là
120 稍 微 有点儿辣

suí biàn chī liǎng kǒu
125 随 便吃两 口

shàng chuáng shuì jiào
121 上 床 睡 觉

jué duì bú xià xuě
126 绝 对不下雪

zuì jìn zài jiǎn féi
127 最近在减肥

xíng li zhuāng hǎo le
132 行李装 好了

tā zài tiē duì lián
128 她在贴对联

hú dié fēi zǒu le
133 蝴蝶飞走了

jīn tiān bāo jiǎo zi
129 今天包饺子

kuài dì qǔ lái le
134 快递取来了

tù zi zhuā zhù le
130 兔子抓住了

fēng zheng fàng fēi le
135 风筝放飞了

yáng juàn zào hǎo le
131 羊圈造好了

tiě qiāo ná zǒu le
136 铁锹拿走了

lú zi ān hǎo le
137 炉子安好了

zhōng yào áo hǎo le
138 中药熬好了

dīng zi bá diào le
139 钉子拔掉了

kuài zi bāi duàn le
140 筷子掰断了

huā pén bǎi zhèng le
141 花盆摆正了

cāng kù bān kōng le
142 仓库搬空了

liáng cài bàn hǎo le
143 凉菜拌好了

xié dàir bǎng hǎo le
144 鞋带儿绑好了

hún tun bāo wán le
145 馄饨包完了

shí liu bāo hǎo le
146 石榴剥好了

zhú kuāng biān chéng le
147 竹 筐 编 成 了

jiāo bù mǎi lái le
152 胶 布 买 来 了

lún tāi bǔ hǎo le
148 轮 胎 补 好 了

zuò yè xiě wán le
153 作 业 写 完 了

chǎn chē xiū hǎo le
149 铲 车 修 好 了

jī dàn jiān hú le
154 鸡 蛋 煎 糊 了

dì mó pū shàng le
150 地 膜 铺 上 了

fèi shuǐ jiē mǎn le
155 废 水 接 满 了

mó gu cǎi wán le
151 蘑 菇 采 完 了

xìng zi chī guāng le
156 杏 子 吃 光 了

cài dì chú wán le
157 菜地锄完了

bèi xīn chuān shàng le
158 背心穿上了

lǎ ba chuī xiǎng le
159 喇叭吹响了

lù fèi còu gòu le
160 路费凑够了

zhàng peng dā hǎo le
161 帐篷搭好了

yóu xì dǎ wán le
162 游戏打完了

mǔ jī zhuā zhù le
163 母鸡抓住了

dà suàn dǎo suì le
164 大蒜捣碎了

wū shuǐ pái jìng le
165 污水排净了

shèng fàn dào diào le
166 剩饭倒掉了

bèi zi dié hǎo le
167 被子叠好了

hé miàn jié bīng le
168 河面结冰了

yǎn jing kū hóng le
169 眼睛哭红了

guǎn dào dòng zhù le
170 管道冻住了

bào zhǐ dú wán le
171 报纸读完了

tái dēng xiū hǎo le
172 台灯修好了

dù zi è huài le
173 肚子饿坏了

lǐ wù fā wán le
174 礼物发完了

kǒng què fēi zǒu le
175 孔雀飞走了

shǒu tào féng hǎo le
176 手套缝好了

zuò wén gǎi hǎo le
177 作 文 改 好 了

nì zi guā wán le
182 泥子 刮 完 了

gāo lóu gài hǎo le
178 高 楼 盖 好 了

dēng long guà shàng le
183 灯 笼 挂 上 了

jiǔ cài zhái hǎo le
179 韭菜 择 好 了

diàn pù guān mén le
184 店 铺 关 门 了

tǔ dì gēng wán le
180 土地 耕 完 了

bǐ jì jì quán le
185 笔记 记 全 了

gōng rén gù shàng le
181 工 人 雇 上 了

bāo guǒ jì zǒu le
186 包 裹 寄 走 了

ěr duo jiā zhù le
187 耳朵夹住了

cài dì jiāo hǎo le
192 菜地浇好了

guō tiē jiān hǎo le
188 锅贴煎好了

hái zi jiē zǒu le
193 孩子接走了

pì gu zuò téng le
189 屁股坐疼了

mén lián xiān kāi le
194 门帘掀开了

qián bāo zhǎo dào le
190 钱包找到了

qì chē lán zhù le
195 汽车拦住了

zhǐ jia jiǎn wán le
191 指甲剪完了

dàn gāo zuò hǎo le
196 蛋糕做好了

nǎo dai kē pò le
197 脑袋磕破了

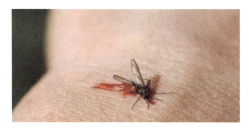

wén zi pāi sǐ le
202 蚊子拍死了

píng gài nǐng kāi le
198 瓶盖拧开了

suān cài pào hǎo le
203 酸菜泡好了

huà féi mǎi lái le
199 化肥买来了

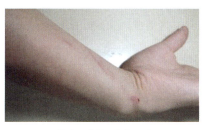

gē bo kē shāng le
204 胳膊磕伤了

hóng zǎo xǐ hǎo le
200 红枣洗好了

dì miàn pō shī le
205 地面泼湿了

jiǎn dāo mó hǎo le
201 剪刀磨好了

hé tóng qiān hǎo le
206 合同签好了

huáng guā qiē hǎo le
207 黄 瓜 切 好 了

sì liào wèi wán le
212 饲料 喂 完 了

shèng fàn rè hǎo le
208 剩 饭 热 好 了

fáng zi lòu shuǐ le
213 房子漏 水 了

chái huo pī kāi le
209 柴 火 劈 开 了

ěr duo sāi zhù le
214 耳朵 塞 住 了

hé tao qiāo suì le
210 核 桃 敲 碎 了

wū yún sàn kāi le
215 乌 云 散 开 了

hé tao bāo hǎo le
211 核 桃 剥 好 了

mǎ lù sǎo hǎo le
216 马 路 扫 好 了

luó sī shàng jǐn le
217 螺丝 上 紧了

píng mù shuāi suì le
222 屏幕 摔 碎了

nǎi chá shāo kāi le
218 奶茶 烧 开了

yě mǎ shuān zhù le
223 野马 拴 住了

zhuāng jia shōu wán le
219 庄 稼 收 完了

huǒ guō kāi guō le
224 火锅 开锅了

bǐ sài shū diào le
220 比赛 输 掉了

dài zi sī kāi le
225 袋子 撕开了

yuàn qiáng shuā hǎo le
221 院 墙 刷 好了

bìng rén tái zǒu le
226 病人 抬 走了

xiǎo tuǐ tàng shāng le
227 小腿烫伤了

kǒu dai tāo kōng le
228 口袋掏空了

zuì fàn zhuā zhù le
229 罪犯抓住了

gǔ piào tào zhù le
230 股票套住了

zú qiú tī fēi le
231 足球踢飞了

kuàng kēng tián mǎn le
232 矿坑填满了

xiān huā tiāo hǎo le
233 鲜花挑好了

hǎi bào tiē mǎn le
234 海报贴满了

lán qiú tóu jìn le
235 篮球投进了

kuài dì tuì diào le
236 快递退掉了

yī fu tuì sè le
237 衣服褪色了

wài tào tuō diào le
238 外套脱掉了

kǎ chē tuō zǒu le
239 卡车拖走了

yě cài wā wán le
240 野菜挖完了

tóu fa chuī gān le
241 头发吹干了

gē zi wèi bǎo le
242 鸽子喂饱了

zuǐ ba wǔ zhù le
243 嘴巴捂住了

fú shǒu wò zhù le
244 扶手握住了

bēi zi xǐ wán le
245 杯子洗完了

hú zi guā wán le
246 胡子刮完了

yá chǐ bǔ shàng le
247 牙齿补 上 了

diàn nǎo xiū hǎo le
248 电脑修好了

píng zi jǐ biǎn le
249 瓶子挤 扁 了

xián cài yān hǎo le
250 咸菜腌好了

cūn zi yān mò le
251 村子淹没了

méi tàn yùn zǒu le
252 煤炭运走了

chē tāi zhā pò le
253 车胎扎破了

bō li zá suì le
254 玻璃砸碎了

píng guǒ zhāi wán le
255 苹果摘完了

xiǎo māo shuì zháo le
256 小猫睡着了

shǒu jī zhǎo dào le
257 手机找到了

mán tou zhēng hǎo le
258 馒头蒸好了

ké sou yán zhòng le
259 咳嗽严重了

là zi zhǎng hǎo le
260 辣子长好了

dòu zi zhǔ shú le
261 豆子煮熟了

huò chē zhuāng mǎn le
262 货车装满了

lǎo shǔ zhuō zhù le
263 老鼠捉住了

zuàn jǐng zuān kāi le
264 钻井钻开了

héng fú lā shàng le
265 横幅拉上了

nǎi fěn yáo yún le
266 奶粉摇匀了

mù cái zhuāng qí le
267 木材 装 齐了

gān jìng de wèi shēng suǒ
272 干 净 的 卫 生 所

shū tan de yǎng lǎo yuàn
268 舒坦的 养 老 院

shén qí de bó wù guǎn
273 神 奇 的 博 物 馆

yōng jǐ de dì tiě zhàn
269 拥挤的地铁 站

ān jìng de diàn yǐng yuàn
274 安 静 的 电 影 院

kào pǔr de jiàn shēn fáng
270 靠谱儿的 健 身 房

zhěng jié de tú shū shì
275 整 洁 的 图 书 室

kuài lè de yòu ér yuán
271 快 乐 的 幼 儿 园

kuān dà de tíng chē chǎng
276 宽 大 的 停 车 场

rè nao de nóng jiā lè
277 热闹的 农 家乐

máng lù de shòu yī zhàn
278 忙 碌的 兽 医站

pián yi de lǐ fà diàn
279 便 宜的理发 店

měi lì de xiào yuán
280 美丽的 校 园

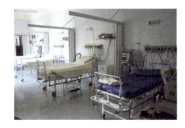

zhěng jié de yī yuàn
281 整洁的 医院

kuān chang de chǎng fáng
282 宽 敞 的 厂 房

shān xià de guǒ yuán
283 山 下 的 果 园

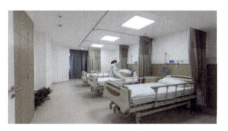

ān jìng de bìng fáng
284 安 静 的 病 房

shān shang de mù chǎng
285 山 上 的 牧 场

xiàn dài huà de yǎng jī chǎng
286 现 代 化 的 养 鸡 场

huān lè de yóu lè yuán
287 欢乐的游乐园

rè qíng de dà gē
292 热情的大哥

shì nèi de yùn dòng chǎng
288 室内的运动场

shàn liáng de lín jū
293 善良的邻居

yǒu míng de cān tīng
289 有名的餐厅

wēn nuǎn de jiā tíng
294 温暖的家庭

fān xīn de cāng kù
290 翻新的仓库

nián mài de fù mǔ
295 年迈的父母

mí rén de huā yuán
291 迷人的花园

shàng kè de lǎo shī
296 上课的老师

rè xīn de shū jì
297 热 心 的 书 记

hǎo yòng de jiā zi
299 好 用 的 夹子

fēng lì de jiǎn dāo
298 锋 利 的 剪 刀

shùn shǒu de qián zi
300 顺 手 的 钳 子

看图听音跟读句子

扫一扫，听一听，跟读图片所对应的句子。

wài miàn xià xuě le
1 外 面 下 雪 了！

shū cài zhēn xīn xiān
2 蔬 菜 真 新 鲜！

qiáo nà wō xiǎo jī
3 瞧 那 窝 小 鸡！

hái zi men pā zài dì shang wán ne
4 孩 子 们 趴 在 地 上 玩 呢。

dà jiā wéi zuò zhe chī kǎo ròu ne
5 大 家 围 坐 着 吃 烤 肉 呢。

yóu kè men shǒu lā shǒu tiào wǔ ne
6 游 客 们 手 拉 手 跳 舞 呢。

qù wài miàn sàn san bù
7 去外面散散步。

bǎ shuǐ qú xiū xiu ba
8 把水渠修修吧。

mǎ wèi wei jiù zhǎng biāo le
9 马喂喂就长膘了。

nǐ bié kū le
10 你别哭了。

hào chī jí le
11 好吃极了！

zhōng yú xià yǔ le
12 终于下雨了！

nián qīng rén zài wā tǔ ne
13 年轻人在挖土呢。

lǎo xiāng men jiān bìng jiān de zǒu zhe
14 老乡们肩并肩地走着。

xiǎo hái zi tōu zhe wán shǒu jī
15 小孩子偷着玩手机。

sǎng zi hǎn yǎ le
16 嗓子喊哑了。

zhuāng jia bèi shuǐ yān le
17　庄　稼　被　水　淹　了。

gěi cūn zhǔ rèn dǎ gè diàn huà
18　给村主任打个电话。

shòu yī zhàn zài nǎr
19　兽医站在哪儿？

nóng jī shēng xiù le zěn me bàn
20　农机生锈了怎么办？

nǐ jiā kè tīng zhēn dà
21　你家客厅真大。

lǎo shī biǎo yáng le tā
22　老师表扬了他。

shān yáng zài chī cǎo
23　山羊在吃草。

bié shuā dǒu yīn le
24　别刷抖音了。

jiě jie bǐ mèi mei zhǎng de gāo
25　姐姐比妹妹长得高。

tā zài diàn zhàn gōng zuò
26　他在电站工作。

dào bó wù guǎn cān guān
27 到博物馆参观。

wǒ de sān lún chē zài nǎr ne
32 我的三轮车在哪儿呢?

yí huìr yǒu shā chén bào ma
28 一会儿有沙尘暴吗?

shè jì tú huà hǎo le ma
33 设计图画好了吗?

kè yùn zhàn zài nǎr
29 客运站在哪儿?

chī le fàn zài zǒu ba
34 吃了饭再走吧。

fáng zi shì xīn gài de ba
30 房子是新盖的吧?

mǎ shàng guò nián la
35 马上过年啦!

nǐ zhǎo dào yào shi le ma
31 你找到钥匙了吗?

qù nán shān huá xuě chǎng huá xuě ba
36 去南山滑雪场滑雪吧。

cūn li rén xǐ huan tī zú qiú

37 村里人喜欢踢足球。

xué huì qí mǎ le ma

38 学会骑马了吗？

wú rén jī fēi shàng qù le

39 无人机飞上去了。

nán fāng rén tǎo yàn xià yǔ tiān

40 南方人讨厌下雨天。

cūn mín xǐ huan wā yě cài

41 村民喜欢挖野菜。

xiǎo háir hài pà dǎ zhēn

42 小孩儿害怕打针。

dì di dào yín háng qù qǔ qián

43 弟弟到银行去取钱。

péng you bāng zhe tái jiā jù

44 朋友帮着抬家具。

fú zhe yé ye guò mǎ lù

45 扶着爷爷过马路。

nǐ men liǎ huàn yi huàn zuò wèi

46 你们俩换一换座位。

duō chī xīn xiān shuǐ guǒ
47 多吃新鲜水果。

diàn shāng zhǔ bō zhèng zài zhí bō ne
51 电商主播正在直播呢。

duō tīng ting gē jiù gāo xìng le
48 多听听歌就高兴了。

mèi mei ná zhe yì bǎ huā
52 妹妹拿着一把花。

tiān qì jiàn jiàn nuǎn huo qǐ lái le
49 天气渐渐暖和起来了。

xiǎo huǒ zi ná qǐ le lán qiú
53 小伙子拿起了篮球。

xiǎo péng yǒu yīng gāi shàng yòu ér
50 小朋友应该上幼儿
yuán le
园了。

yé ye jìn le yí tàng chéng
54 爷爷进了一趟城。

gù kè sǎo le yí xià mǎ
55 顾客扫了一下码。

zhè shǒu gē wǒ tīng le hǎo duō biàn
56 这 首 歌 我 听 了 好 多 遍 。

dì di bèi gē ge mà le yí dùn
57 弟 弟 被 哥 哥 骂 了 一 顿 。

gào su lǎo xiāng men qù gē mài zi
58 告 诉 老 乡 们 去 割 麦 子 。

qǐng lǎo rén men zuò tǐ jiǎn
59 请 老 人 们 做 体 检 。

gěi tā lā le yì chē xī guā
60 给 他 拉 了 一 车 西 瓜 。

kuài qǐng jìn
61 快 请 进 。

bié tiào le
62 别 跳 了 。

màn diǎnr hē
63 慢 点 儿 喝 。

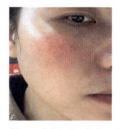

liǎn dànr shài de hóng hóng de
64 脸 蛋 儿 晒 得 红 红 的 。

zhuō zi cā de liàng liàng de
65 桌 子 擦 得 亮 亮 的 。

tóu fa chuī de gān gān de
66 头发吹得干干的。

lún dào zhǔ rèn zhí bān le
70 轮到主任值班了。

tā kàn zhe kàn zhe jiù kū le
67 他看着看着就哭了。

yān cōng li mào zhe yān
71 烟囱里冒着烟。

nǎi nai shuō zhe shuō zhe jiù shuì
68 奶奶说着说着就睡
zháo le
着了。

qǔ zi zhōng yú chuī wán le
72 曲子终于吹完了。

zuǐ ba li kǔ kǔ de
73 嘴巴里苦苦的。

huǒ shāo zhe shāo zhe jiù miè le
69 火烧着烧着就灭了。

xīng xing yì shǎn yì shǎn de
74 星星一闪一闪的。

dù zi yuán yuán de
75 肚子圆圆的。

guǒ yuán li shì píng guǒ shù ma
76 果园里是苹果树吗？

nǐ jiàn guo luò tuo méi yǒu
77 你见过骆驼没有？

nóng jī zhàn yǒu duō shao tái tuō
78 农机站有多少台拖
lā jī
拉机？

bú yào suí dì tǔ tán
79 不要随地吐痰。

zhè jiǔ hǎo hē jí le
80 这酒好喝极了。

dà ye　　nín qǐng zuò
81 大爷，您请坐。

dì huá　xiǎo xīn shuāi dǎo
82 地滑，小心摔倒。

xià dì bié wàng le dài shuǐ
83 下地别忘了带水。

tiān lěng　　jì de dài shàng mào zi
84 天 冷 ，记得 戴 上 帽子。

sòng wài mài néng zhèng qián
89 送 外 卖 能 挣 钱。

gěi tā liǎng kuài qián mǎi táng chī
85 给他 两 块 钱 买 糖 吃。

fēng hū hū de chuī zhe
90 风 呼呼 地 吹 着。

gǎn mào le yào duō hē rè shuǐ
86 感 冒 了 要 多 喝 热 水。

shān huǒ bǎ lín zi shāo jìn le
91 山 火 把 林子 烧 尽了。

kuài wǎng wū li bān xiāng zi ba
87 快 往 屋里 搬 箱子吧。

huáng chóng bǎ zhuāng jia kěn
92 蝗 虫 把 庄 稼 啃
guāng le
光 了。

bǎ dēng dǎ kāi ba
88 把 灯 打 开 吧。

tā men liǎ bǎ cǎo bá wán le
93 他们俩把草拔完了。

qù cāo chǎng huó dòng huó dòng
94 去操场活动活动。

hē kǒu tāng nuǎn nuan wèi
95 喝口汤暖暖胃。

qù gōng yuán wèi gē zi ba
96 去公园喂鸽子吧。

rè de chuǎn bú guò qì lái
97 热得喘不过气来。

shǒu jī zhǎo dào le
98 手机找到了。

tā duì xià qí gǎn xìng qù
99 他对下棋感兴趣。

nǎi chá zhǔ hǎo le
100 奶茶煮好了。

yuàn zi li yǒu hěn duō rén
101 院子里有很多人。

qián miàn shì yí piàn lǜ lǜ de
102 前 面 是 一 片 绿绿的
cǎo yuán
草 原 。

yī fu shài gān le
103 衣服晒 干了。

tā qù yī yuàn kàn bìng rén
104 他去医院 看 病 人。

zhè liàng chē kě yǐ zuò wǔ gè rén
105 这 辆 车可以坐五个人。

dà péng lǐ miàn yǒu wēn kòng dēng
106 大 棚 里面有温 控 灯。

tā ná lái le jǐ bǎ tiě qiāo
107 他拿来了几把铁 锹。

xīn jiāng de fēng jǐng hěn měi
108 新 疆 的 风 景 很 美。

pú tao shú le ma
109 葡 萄 熟了吗？

lòu shuǐ le zěn me bàn
110 漏 水了怎么办？

shuǐ qú wā hǎo le ma
111 水 渠 挖 好 了 吗？

zuó tiān de bào zhǐ shang yǒu hǎo
112 昨 天 的 报 纸 上 有 好
xiāo xi
消 息。

nán háir shēn shang quán shì ní ba
113 男 孩 儿 身 上 全 是 泥 巴。

fáng zi de zhuāng xiū guài hǎo kàn de
114 房 子 的 装 修 怪 好 看 的。

yuàn zi li zhòng le hǎo duō guǒ shù
115 院 子 里 种 了 好 多 果 树。

hé shuǐ huā huā de liú zhe
116 河 水 哗 哗 地 流 着。

chūn tiān yào lái le
117 春 天 要 来 了。

fáng jiān dōu shōu shi hǎo le
118 房 间 都 收 拾 好 了。

shù yè huáng le
119 树 叶 黄 了。

hù gōng lái péi bìng rén le
120 护 工 来 陪 病 人 了。

niǎor zhǎng zhe piào liang de yǔ máo
121 鸟儿 长 着 漂 亮 的羽毛。

bà ba qù mài cài le
122 爸爸去 卖 菜 了。

zì xíng chē tā qí zǒu le
123 自行 车 他骑 走 了。

niǎor fēi zǒu le
124 鸟儿飞 走 了。

dì li de yù mǐ chéng shú le
125 地里的玉米 成 熟了。

tā zài rèn zhēn de gōng zuò
126 他在认 真 地 工 作。

gāo xìng de xīn li lè kāi le huā
127 高 兴 得心里乐 开了花。

hē le jiǔ bù néng kāi chē
128 喝了酒不 能 开 车。

hái zi jīn nián sān suì le
129 孩子今 年 三 岁了。

cā le cā shǒu jī píng mù
130 擦了擦 手机屏幕。

tiān hǎo xiàng yào xià yǔ le
131 天 好 像 要 下 雨 了。

jīn tiān de wǔ fàn hěn hǎo chī
132 今天的午饭很好吃。

mā ma yòng dà wǎn chéng tāng
133 妈妈用大碗 盛 汤。

yǐ jīng shí diǎn le
134 已 经 十 点 了。

diàn cí lú hěn hǎo yòng
135 电磁炉很 好 用。

xué shēng dōu zài shí táng chī fàn
136 学 生 都 在 食 堂 吃 饭。

luò tuo kuài zǒu chū gē bì tān le
137 骆驼 快 走 出 戈壁滩了。

tā dī zhe tóu
138 他低着 头。

láng bǎ yáng yǎo sǐ le
139 狼 把 羊 咬死了。

tā kàn le yǎn wēi xìn
140 他 看 了 眼 微 信。

tā zuò gōng jiāo chē qù bā zhā
141 他 坐 公 交 车 去 巴 扎。

xiǎo nǚ háir diào le jǐ dī yǎn lèi
142 小 女孩儿 掉 了 几 滴 眼泪。

shān pō shang xià lái liǎng gè dǎ
143 山 坡 上 下 来 两 个 打
chái de
柴 的。

lái cháng chang zhè zhuā fàn xiāng
144 来 尝 尝 这 抓 饭 香
bu xiāng
不 香。

hǎi táng huā hóng hóng de
145 海 棠 花 红 红 的。

wǎn fàn diǎn wài mài ba
146 晚 饭 点 外 卖 吧。

qǐng bǎ luó sī dāo gěi wǒ
147 请 把 螺 丝 刀 给 我。

tā chàng gē zhēn hǎo tīng
148 她 唱 歌 真 好 听！

zhào piàn shōu dào le ma
149 照 片 收 到 了 吗？

wén jiàn fā gěi nǐ le
150 文 件 发 给 你 了。

chá guǎn li zuò le hǎo duō kè rén
151 茶 馆 里 坐 了 好 多 客 人。

kuài bǎ guō gài gài shàng
152 快 把 锅 盖 盖 上 。

lú zi shang de shuǐ kuài kāi le
153 炉 子 上 的 水 快 开 了。

tīng ting yīn yuè 　 xīn qíng huì hǎo yì
154 听 听 音 乐，心 情 会 好 一
diǎnr
点 儿。

wǒ men cūn lí shā mò hěn jìn
155 我 们 村 离 沙 漠 很 近。

zhōng qiū jié chī yuè bing
156 中 秋 节 吃 月 饼。

guò chūn jié fàng biān pào
157 过 春 节 放 鞭 炮。

mā ma zài wū li féng mián bèi
158 妈 妈 在 屋 里 缝 棉 被。

gē ge bǎ wéi qiáng xiū le xiū
159 哥 哥 把 围 墙 修 了 修。

shū shu zài cāng kù bān huò ne
160 叔 叔 在 仓 库 搬 货 呢。

duān wǔ jié chī zòng zi
161 端 午 节 吃 粽 子。

qù gěi diàn dòng chē chōng chong
162 去 给 电 动 车 充 充
diàn ba
电 吧。

tā dǒu le dǒu dì tǎn
163 她 抖 了 抖 地 毯。

jiā li tíng diàn le
164 家 里 停 电 了。

guó qìng jié yào shēng guó qí
165 国 庆 节 要 升 国 旗。

yuán xiāo jié kàn huā dēng
166 元 宵 节 看 花 灯 。

tā men zài tiào guǎng chǎng wǔ
167 她 们 在 跳 广 场 舞 。

yé ye xǐ huan diào yú
168 爷 爷 喜 欢 钓 鱼 。

qù kàn kan yī shēng jiù hǎo le
169 去 看 看 医 生 就 好 了 。

yī fu shài gān le
170 衣 服 晒 干 了 。

shù zhī bèi guā duàn le
171 树 枝 被 刮 断 了 。

bié wàng le gěi shǒu jī tiē zhāng mó
172 别 忘 了 给 手 机 贴 张 膜 。

bǎ pú tao gān shōu le ba
173 把 葡 萄 干 收 了 吧 。

yì qǐ qí gòng xiǎng dān chē ba
174 一 起 骑 共 享 单 车 吧 。

wū yún piāo guò lái le
175 乌 云 飘 过 来 了 。

dà gē qù jiāo le jiāo cài dì
176 大哥去浇了浇菜地。

bǎ lā jī dào yí xià
181 把垃圾倒一下。

yé ye qù xià xiàng qí le
177 爷爷去下象棋了。

guā yi guā hú zi ba
182 刮一刮胡子吧。

tīng yi tīng guǎng bō ba
178 听一听广播吧。

xīn mǎi de shǒu jī ké dào le
183 新买的手机壳到了。

bié wàng le shī féi
179 别忘了施肥。

bié wàng le mǎi bāo yán
184 别忘了买包盐。

shuǐ jǐng hǎo shēn a
180 水井好深啊！

qǐng bú yào cǎi cǎo píng
185 请不要踩草坪。

pǎo pao bù duàn liàn yí xià ba
186 跑 跑 步 锻 炼 一 下 吧。

dù zi bù shū fu ma
191 肚子不 舒服吗?

yé ye de guǎi zhàng zài nǎr
187 爷爷的 拐 杖 在哪儿?

qǐng duì hào rù zuò
192 请 对 号 入座。

dài shàng shǒu tào xǐ wǎn ba
188 戴 上 手 套洗碗吧。

zhè mián bèi yǒu diǎnr hòu
193 这 棉 被有点儿厚。

yī fu zhòu bā bā de
189 衣服 皱 巴巴的。

cháng chang zhè tiáo yú
194 尝 尝 这条鱼。

yì qǐ lái tiào wǔ ba
190 一起来 跳 舞吧!

xiǎo jī zhuó mǐ ne
195 小鸡啄 米呢。

mào zi bèi fēng guā pǎo le
196 帽子被风刮跑了。

lǎo yé ye gēn wǒ men dǎ zhāo hu
201 老爷爷跟我们打招呼。

zhè ge suān nǎi wèi dào bú cuò
197 这个酸奶味道不错。

tā xiào le xiào méi shuō huà
202 他笑了笑，没说话。

qù lóu xià shài shai bèi zi ba
198 去楼下晒晒被子吧。

gē zi fēi de zhēn gāo
203 鸽子飞得真高！

máo yī qǐ qiú le
199 毛衣起球了。

sān lún chē diū le
204 三轮车丢了。

cā ca pí xié ba
200 擦擦皮鞋吧。

205 去 广 场 上 看 看 喷
qù guǎng chǎng shang kàn kan pēn
泉 吧。
quán ba

206 西瓜 熟了吗?
xī guā shú le ma

207 邻居们 去 买 年 货 了。
lín jū men qù mǎi nián huò le

208 整 理 一下 菜地 吧。
zhěng lǐ yí xià cài dì ba

209 屋 顶 漏 水 了。
wū dǐng lòu shuǐ le

210 他 看 了 看 相 册。
tā kàn le kàn xiàng cè

211 快 松 松 土!
kuài sōng song tǔ

212 明 天 有 拔河比赛。
míng tiān yǒu bá hé bǐ sài

213 牛 奶 过期了吗?
niú nǎi guò qī le ma

chuāng hu méi guān hǎo
214 窗 户 没 关 好。

qù wèi wei niú ba
215 去 喂 喂 牛 吧!

tā kàn le kàn qiáng shang de zhōng
216 他 看 了 看 墙 上 的 钟。

yù mǐ zhǎng gāo le
217 玉 米 长 高 了。

qiū yǐn bèi dì di wā chū lái le
218 蚯 蚓 被 弟 弟 挖 出 来 了。

kuài shì shi xīn xié zi
219 快 试 试 新 鞋 子!

tā qù yào diàn mǎi yào le
220 他 去 药 店 买 药 了。

yì qǐ guàng guang gǔ chéng ba
221 一起 逛 逛 古 城 吧!

pào diǎnr chá hē ba
222 泡 点儿 茶 喝吧。

gěi zhuāng jia shā sha chóng ba
223 给 庄 稼 杀 杀 虫 吧。

dì di zài shuā duǎn shì pín ne
224 弟弟在 刷 短 视 频 呢。

wǎng sù zhēn kuài a
225 网 速 真 快 啊!

dì di róu le róu yǎn jing
226 弟弟揉了揉 眼 睛。

wǒ zài wǎng shang mǎi le yì tái
227 我 在 网 上 买了一台
bīng xiāng
冰 箱。

bié wàng le gěi huār jiāo shuǐ
228 别 忘 了给花儿 浇 水!

tā zài jǐ niú nǎi
229 他在挤牛奶。

shuǐ sǎ dào bō li shang le
230 水 洒 到 玻璃 上 了。

duō zhòng xiē tǔ dòu bǐ jiào hǎo
231 多 种 些土豆比较好。

bǎ xī guā fēn yi fēn
232 把西瓜 分一分。

lù miàn dōu jié bīng le
233 路面 都结冰了。

zú qiú chǎng zhēn dà
234 足球 场 真 大！

hé dào xū yào qīng lǐ yí xià
235 河道需要 清理一下。

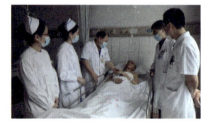

bìng rén xǐng guò lái le
236 病 人 醒 过来了。

xīn xíng hào de wú rén jī chū chǎng le
237 新型号的无人机出 厂了。

xǔ duō chē dōu zāng le
238 许多车都脏了。

yù mǐ yào zěn me cún fàng ne
239 玉米要怎么存放呢？

lián dāo shēng xiù le
240 镰刀 生 锈了。

tā zài kàn xīn wén lián bō
241 他在看《新闻联播》。

zhè lǐ de shuǐ gān jìng ma
242 这里的水干净吗？

tā zhèng wǎng bēi zi li dào chá ne
243 他 正 往 杯子里倒茶呢。

táo huā kāi mǎn le zhī tóu
248 桃花开满了枝头。

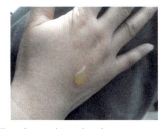

shǒu tàng chū pào le ma
244 手 烫 出 泡了吗?

jī juàn li de mǔ jī gē gē jiào zhe
249 鸡圈里的母鸡咯咯叫着。

nǐ zuò le shén me fàn
245 你做了什么饭?

kàn yàng zi tā xiàng gè lǎo bǎn
250 看 样子他像个老板。

nǐ xǐ bu xǐ huan tī qiú
246 你喜不喜欢踢球?

tā dǎ suàn dāng fēi xíng yuán
251 他打算当飞行员。

dì xià shì duī zhe hěn duō jiù jiā jù
247 地下室堆着很多旧家具。

gē ge de diàn nǎo hé dì di de yí yàng
252 哥哥的电脑和弟弟的一样。

bǎ chuāng lián lā kāi ba
253 把 窗 帘 拉 开 吧。

chē duì wǎng xuě shān shang kāi
258 车 队 往 雪 山 上 开。

bié wàng le gěi shǒu jī chōng diàn
254 别 忘 了 给 手 机 充 电。

zhōu mò tā xǐ huan dǎ da pái
259 周 末 他 喜 欢 打 打 牌。

tā pāi le pāi shēn shang de huī
255 他 拍 了 拍 身 上 的 灰。

fáng dǐng lòu shuǐ zěn me bàn
260 房 顶 漏 水 怎 么 办？

lǎo rén měi tiān jiān chí pǎo bù
256 老 人 每 天 坚 持 跑 步。

yào jié yuē yòng diàn
261 要 节 约 用 电！

quán shuǐ cóng shān shang liú xià lái
257 泉 水 从 山 上 流 下 来。

jīn nián xià tiān wèi shén me zhè
262 今年夏天为什么这
me rè
么热？

tā xiǎng cóng táo bǎo shang mǎi jiàn
266 他想从淘宝上买件
yī fu
衣服。

nǐ zhī dào jiǔ diàn qián tái de diàn huà
263 你知道酒店前台的电话
hào mǎ ma
号码吗？

yé ye de lún yǐ zài nǎr
267 爷爷的轮椅在哪儿？

wà zi pò le gè dòng
268 袜子破了个洞。

nǐ zhī dào chāo shì de dì zhǐ ba
264 你知道超市的地址吧？

qiē gè hā mì guā chī
269 切个哈密瓜吃。

kuài ná sào zhou sǎo yi sǎo
265 快拿扫帚扫一扫。

bìng rén pà zháo liáng
270 病 人 怕 着 凉。

bái cài jiù shèng yì kuāng le
271 白 菜 就 剩 一 筐 了。

gōng dì shang duī mǎn le zhuān
272 工 地 上 堆 满 了 砖。

hé péng you liáo liao tiānr hěn kāi xīn
273 和 朋 友 聊 聊 天儿 很 开 心。

wǒ men jiā gè wēi xìn ba
274 我 们 加 个 微 信 吧！

tài yáng luò shān le
275 太 阳 落 山 了。

bēi zi shang yǒu gè shì gè yàng de
276 杯 子 上 有 各 式 各 样 的
huā wén
花 纹。

chuāng tái shang bǎi zhe yì pén huā
277 窗 台 上 摆 着 一 盆 花。

jīn tiān sòng le liǎng chē méi
278 今 天 送 了 两 车 煤。

hái zi bǎ wū li gǎo de hěn luàn
279 孩子把屋里搞得很乱。

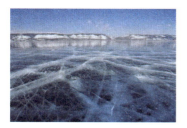

hé shuǐ jié bīng le
280 河水结冰了！

cān tīng de chá jù zhēn piào liang
281 餐厅的茶具真漂亮！

chèn tiān qì hǎo qù gōng yuán sàn
282 趁天气好，去公园散
san bù ba
散步吧。

nǎ lǐ yǒu hóng sè de bù liào
283 哪里有红色的布料？

zuó tiān nǐ méi yǒu dào chǎng li
284 昨天你没有到厂里
qù ma
去吗？

nǐ gěi shéi dǎ diàn huà ne
285 你给谁打电话呢？

zhǎn xiāo huì jiù yào kāi shǐ le
286 展销会就要开始了。

nà shì xīn yǐn jìn de jī qì rén
287 那是新引进的机器人。

chuāng wài shì jīn huáng sè de
288 窗外是金黄色的
mài tián
麦田。

duì lián yǐ jīng tiē shàng le
289 对联已经贴上了。

shǒu li ná zhe gè hé tao
290 手里拿着个核桃。

liǎng gè rén shě bu de fēn kāi
291 两个人舍不得分开。

shǎo fàng diǎnr yán ba
292 少放点儿盐吧！

qǐng shòu yī lái kàn kan zhè zhī
293 请兽医来看看这只
yáng ba
羊吧。

shōu gē jī hǎo xīn a
294 收割机好新啊！

tiān gāng liàng　tā jiù qǐ chuáng le
295 天 刚 亮，他就起 床 了。

jiāo jǐng ràng sī jī bǎ chē tíng xià
296 交 警 让司机把车 停 下。

dì zhèn bǎ wū zi li de dōng xi mái
297 地 震 把屋子里的 东 西埋
zhù le
住 了。

zhuō zi dǐ xia cáng le gè rén
298 桌子底下 藏 了个人。

zhè dùn fàn huā le sì shí duō kuài qián
299 这 顿 饭 花了四十 多 块 钱。

zhè tiáo tiě lù xū yào xiū yí xià
300 这 条 铁路需 要 修一下。